獨舞者的樂章

林絲緞的藝術異端人生

作者（口述）　林絲緞
採訪整理　段健發・劉敏（第十一章、特別收錄）

Part One
藝術的風景

CONTENTS

Part Three
教育的角落

Part Four
生命的賦格

序

不見瑰麗群山中

段健發

「段哪！有件事你一定要幫忙。我住院開刀……這學期社大的課不能上，要請你幫我代課……」

老師碰到這麼大的事，怎能不答應呢！所以就戰戰兢兢的代她上陣，心虛地只想著不要砸了她的招牌才好。

林絲緞老師在永和社區大學成立之初，即受邀開了門「開發身體原舞力」的課。大致上是延續她過去多年的「啟發式舞蹈教育」及「生活與舞蹈」的理念，藉著舞蹈領域中的各種元素，進行身體動能與即興創造的訓練，以增進民眾身體的自覺，體會肢體表現的趣味與奧妙，並強化身心整合的能力。哎！十足的刻板陳述，總之以我的能力是很難精簡的說明白、講清楚的。它像是風行於坊間的潛能開發課程，簡單的說是肢體開發，外人看來像是門舞蹈創作的課程，可又不全然是。

有意思的是「開發身體原舞力」這個課程名稱，是林老師自己發明的。當初曾問過我的意見，起先聽來也覺得怪怪的，但仔細推敲卻又找不到更合適的語彙；反正就是覺得還是原來的好。跟她結識多年，知道她學歷不高，又不善口語、文字的表達，連她自己也常為此感到羞赧不安，可卻屢創奇蹟。這個自創的課目便是一例，有一種特別的質地，貼切傳神。

相遇於舞蹈的師生緣

我從小就喜歡舞蹈，常模仿著電視綜藝節目的舞群扭動，國中時穿著球鞋學芭蕾舞者踮起腳尖，腳趾都磨出了繭仍樂此不疲；看了光頭尤勃連納的電影《國王與我》中的迎賓歌舞劇，高興得睡不著覺，對於那種結合唱頌、偶戲、舞蹈的表演形式非常喜歡，布景、道具的運用讓我印象深刻，直接喚起童年父母帶著看河南梆子戲、平劇、歌仔戲的經驗；泰國傳統舞蹈有稜有角的身體造型與靈活細緻的手指表情，有很長一段時間一直是我模擬的意象。

只是受限於當時的環境，這股想跳舞的慾望也從未認真去看待。民國六十四年我順利考上新竹師專美術師資科，算是很專心的朝當個小學美術老師的路子學習。師專的環境雖然保守，但由於強調通才教育，每年都還會安排全校性的藝能競賽，班際的舞蹈比賽便是其一，因此順理成章的也滿足了我在這方面的表現慾。當時林懷民回國草創「雲門舞集」，許博允成立「新象藝術中心」，大量引進國外的表演團體，「公共電視」開播，藝文資訊與表演活動有如雨後春筍，令人目不暇給。我也在這樣的氛圍下，從報章雜誌、電視廣播媒體中的介紹，稍稍滿足對表演藝術的渴望，直到開始任教後，才有能力用自己的薪水一圓觀看表演與學舞的夢。

一直以來我都知道自己對於舞蹈的需要是超過美術的。我的同學看我跳舞，甚至還說我學錯行呢！當然同儕的反應並沒讓五短身材、條件不佳的我沖昏了頭，從來也沒幻想當個專業舞者，只是知道自己喜歡透過肢體表達自己。聽音樂的時候會有個小人在腦子裡，跟著音樂、跟著自己舞動著，享受著這種既抽象又具體的同步狀態，不為表現，像是進入一種寂靜私密的境界；也知道自己跳過就忘，所以也不喜歡那些制式化的動作訓練。

民國七十一年退伍到中和的小學任教，就想著要去舞蹈社學舞，可是當時的舞蹈社大多是教芭蕾、民族舞或社交舞，我又沒啥興趣，心裡很清楚自己想找個有教即興創作的教室。因緣際會，透過我的皮影戲老師，當時在永和國中美術班任教的鄭凱麗介紹，認識了林絲緞老師，從此締結了逾四十年極其難得的師生緣。

依稀記得林老師當時的「東方藝術舞蹈研究社」是在永和市區的兩條岔路口。第一次去上課，簡單的說明來意，林老師便親切的招呼我上課。那時班上都是女生，氣氛有些尷尬，我笨手笨腳跟著學習芭蕾的基本動作，隱約感受到那些女生的敵意與質疑。我緊張的忘了呼吸，覺得快昏倒，還納悶她們的體力為什麼都這麼好？下課時全身酸痛，做苦工似的；反正不就是終於實現了學舞的願望嘛！也就硬著頭皮學下去了。

林老師的課程安排是每週兩個晚上，每次兩個鐘頭，一次是芭蕾舞，一次是現代舞。熬了大約三個月，新鮮感也消耗的差不多了，凱麗不是說這兒有教即興創作嗎？怎麼都沒有！

體驗即興創作課

中場休息，我便鼓起勇氣去問林老師，她耐心聽完我的問題後，便無奈的跟我說：「以前是有的！但是學生沒法適應，她們會質疑『我們是來跟妳學的，妳怎麼叫我們自己跳？』所以學生便越來越少，為了生活我只好放棄這樣的教學方式。沒辦法！大人的包袱太多了……不過兒童班我還是這樣教的。」聽完她誠懇的回應，我也理解經營舞蹈教室的現實困境，雖然仍感遺憾，但卻打消了離開教室的念頭。

有趣的是，接下來的課，林老師突然要同學聚在一起，宣布這堂課有一些調整。她指著丹田，要大家感受呼吸的力度與節奏變化，簡單的示範從丹田出發，配合吐納收放瞬間，身體造型與運作的可能性。

這正是我所期待的即興創作活動！

首當其衝的，儼然是一種考驗，林老師說完便要我率先運作。

來不及思考，我便動起來。腦子只想著小腹的收放，便一連串的前後、左右，上下翻滾、跳躍……凝住，結束。

記得那些女同學的驚嘆與掌聲，以及林老師的評語：「對呀！很好！……就是這樣！」

我可樂著呢……

此後，林老師的每堂課都會留約莫半個鐘頭，進行各式各樣的即興訓練，從個別到雙人、到團體的架構練習，乃至一齣小品舞作的形成。大夥兒也漸能開放自己，盡情的自我表現。我當然總是第一個被推出來演練，也常常沒搞清楚狀況的凸槌，在嚴肅的氣氛中製造點笑料。

認識林老師之前，對她的印象是「台灣第一位公開現身的人體模特兒」，我自己是學美術的，所以對於她這樣的經歷，始終懷抱一種崇敬，只是不知道她後來一直從事舞蹈創作與教學工作。當年還是二十啷噹的年輕小夥子，能成為她的學生，有一種跟歷史人物交會的趣味與榮幸。

不同於一般女性舞者的體型纖細，林老師骨架較大，顯得較為粗壯。對照當年擔任模特兒的影像，確是多了點丈夫氣，倒不是說體型有多大的改變，許是多年的歷練，毋寧說更有一股母親的堅毅形象，舉手投足有一種溫暖可靠的感覺，這實在也剛好符合了我戀母情結的需求，應該說是一種孺慕吧！

學生們都很喜歡她，所以儘管學生來來去去的，至今仍有一批老學生死忠的跟著她學習，二十幾、三十幾年的都有，這種交情在時下的舞蹈社實在難以想像。

上起課來一絲不苟，全然投注在學生的表現上。她不善言詞，每每急切於學生們的進境，說不通乾脆就親自示範，一霎時便豁然開朗。那種當下帶給學生的感動與開悟，對我們而言是很享受的。直到現在我還記得她某次的動作示範，迅疾的迴旋、伸展、凝住，教室的空間突然被她吸引、壓縮到一角，有如磁場似的；又像是她充滿了整個空間的視覺震撼。

她的動作具有強烈的說服力，跟她所探討的「動作的本質」有很大的關連；就像她評述德國舞蹈家碧娜．鮑許（Pina Bausch）是「不表現技巧，最終達到純真的力量。很平常的動作……那麼寫實就是那麼抽象！」一樣。

她對於成年學生的訓練著重心理層面與動作的探討，非敘事性的，亦非自戀、自我耽溺，而是自然、直接與單純的。

擁有這樣的舞蹈理念，或許在資訊發達的今天並不特別，但是若把時空向前推移至四十幾年前，她的教室就像是沙漠中隱而未顯的瑰麗，兀自綻放著。

序

那些未曾言出的藝術生命史

李立劭（《獨舞者的樂章》紀錄片導演）

嚴格來說這是母親第二本傳記，第一本在她二十五歲時，一九六五年文星出版了《我的模特兒生涯》，竟成當年台灣最暢銷之書。而時隔五十九年，她已八十四歲，在她的學生們支持下有了這第二本，接續記錄二十五歲之後這五十九年間的藝術生命史進展，但此書完稿時竟乏人問津。

二〇一〇年時，段健發老師花了兩年為母親做了採訪，整理成為《不見瑰麗群山中：林絲緞傳奇》的七萬多字文稿，完成後想要出版，但都未能談成，這些文稿也就放在抽屜躺著。

又過了十年，我在拍攝母親的紀錄片《獨舞者的樂章》時，為了尋找她當年的歷史，拍攝了幾十個小時相關者的口述訪談，在梳理她的藝術及生命史脈絡時，段健發的文字成了重要的參考，也讓我再次完整地認識她，不只是那一九六〇年代人物美展、攝影展破天荒的台灣藝術事件，而是一直延續到現在，包含跨界藝術的獨舞、婦女運動、舞蹈教育、統合藝術、舞蹈平權與身心障礙者的舞蹈療育，幾乎都是走在同時代的前端，卻不曾被藝術史、舞蹈史、特殊教育界正視過。

因為沒有踏入學院的她，也非以舞台表演為重心，很難被以舞作為論述主體的學術圈載於史冊，足見台灣藝術圈的侷限，對於「創作」、「表演」與「教育」、「社會文化」仍以學科的立場分界，像她這種橫跨美術／舞蹈／教育／特教平權的多重角色，很難成為學者研究下的專題，自然也失去歷史發言權。且社會上仍著迷於她二十五歲前的生涯，老生常談的人體模特兒話題，到了她八十多歲竟還是媒體朋友追逐的老梗。

母親是個只愛做不愛說的人，早年還有個愛記錄的父親在身邊，為她留下詳細的剪報及相片檔案。父親在一九九〇年過世之後，她的東西就無專人整理，還好段健發為她記錄了大量口述文字，讓本書的寫作有了基礎。

但從段老師完成文字集結之後到現在十多年間，母親的藝術職涯又起了諸多變化，她領軍創辦了臺北市藝術統合教育研究會，在身心障礙肢體療育做有系統的教學，成了她目前的重心。她以特有的舞蹈動作系統結合美術、音樂等，讓自閉症的學員們增能，獲取長足進展，常有香港及日本、歐洲特教工作者來取經，可說是她大半輩子努力後的積累，因而必須再將這十多年之事增補進去。我只得勞煩她的老學生劉敏，以她們的教學合作經驗，來補充採集關於自閉症教學及藝統會章節等較新的資料。

另外，為了忠於傳主精神，要將原本第三人稱敘事的文字，改回母親口述人稱的氛圍，並補充歷史背景及呈現舞蹈教育的理念，則由本書的文字編輯吳佩芬一肩扛起重責。因為母親特有的表達口吻，正式談話時常缺少連接詞，尤其是長篇論述，時常直接以關鍵主詞及名詞相連，因此語言頗有「詩意」，外人常無法全面理解，幸好佩芬也是熟識她的學生，曾參與過藝術統合教學，能準確抓取她的思考脈絡並化為文字，並擷取紀錄片的訪談素材，我再搜集檔案圖片及彙整補註。這樣的多方協作編寫，恰恰也符合母親在藝術統合教育上的概念，藉由跨域的書寫，統合成一股力量。

本書編輯是以母親主述自己的藝術歷程來出發，並補充見證者而成。在一九六五年出版的《我的模特兒生涯》一書中，已忠實呈現了她當年的處境及美術界的看法，因而不在此書詳述。而後期的藝術統合及舞蹈療育的實務操作，則因自傳體的敘事，對技術性細節點到為止，留給未來教學方法論之工具書，另有許多圖片因篇幅無法完載，可參考紀錄片內容，或可滿足讀者需求。

本書除了最感謝主撰者段健發的無私投入，和諸多老學生們的協助，如藝統會接任的理事長蔡祐庭及總幹事姜春年，以及詹和悅、劉敏、吳純貞、高穎琳、涂靜儀、彭珮瑄、張雅舒、陳心慧等老師們及志工與家長們的真誠回應，也要感謝王墨林及姚立群的鼓勵，以及吳家惠、李之旋的多方協助。

並衷心感謝柯錫杰、鍾志洋、李錦松、高立人、簡扶育、曾敏雄等攝影家及雷驤、楊識宏、高肖梅、陳景容、樊潔兮等前輩和楊英風藝術教育基金會所提供之資料，還有群學出版社的發行支持，才得以促成本書問世。

獨舞展前攝於野柳，1975，鍾志洋攝。

Part One

藝術的風景

01

Chapter

十六歲，職業：人體模特兒

每個行業都有它的精神在，
重要的是搞清楚自己在做什麼。

生命場景

- 1956-1965｜擔任人體藝術模特兒。
- 1956｜開始習舞。

人生啊，就是什麼都讓你料想不到。如果我在少女時期沒有認識那些做藝術的朋友，又懵懵懂懂一頭栽了進去，我的生命大概會跟現在完全不一樣。

我出生於一九四〇年，是台日混血兒，本名卓系緞，從母姓。「林絲緞」是後來雕塑家楊英風取的名字，大家跟著叫了開來。

台灣光復後，日籍生父被遣返日本，從此不曾回到台灣。母親受過七年的日本教育，懷孕的時候曾跟著我父親過去日本，但我阿嬤不准她留在日本，他們的感情就這麼結束了。母親懷我的時候是未婚生子，當時是一大丟臉的事，後來她嫁給林姓繼父，因為操勞過度，四十三歲就過世。外公是個不事生產的讀書人，家計全靠阿嬤一肩扛起，生活艱苦。

身為家中長女，自小我就擔負照顧同母異父七個弟妹的責任，像孩子王。家裡四周都是田，我帶著他們玩泥土、玩植物造形、扮家家酒、爬樹、跳田埂……遊戲花樣很多。後來我從事啟發式教學，講究創意，要從沒有變成有，從有還要變成有結構性，原來我從小就一天到晚在玩這個東西了。

我個性好動，阿嬤都叫我「猴擂天」（閩南語，意即像猴子一樣頑皮）。小時候有人會叫我ハイブリッド，就是「雜種」的意思，看不起我，我聽到這句話一定追著對方打。北師附小一畢業就到工廠當作業員協助家計，但是當女工實在無聊透頂！我的性子在工廠安分不下來，老是想辦法找樂子玩或是搗蛋，也因此換了很多家工廠，像是糖果工廠、餅乾工廠、紡織工廠等等，要嘛被人開除，要嘛自己辭職，不過被開除的次數可能比較多，換多少工作都記不得了。

我家就住台北市和平東路，在師大附近，每次經過師大校門口，夾著一個便當盒，穿著拖鞋ㄎㄧ ㄌㄧ ㄎㄡ ㄎㄡ去上工時，總是忍不住轉頭張望，看到進出穿著制服的大學生，又好奇又羨慕。即使當時年紀還小，我卻深深有個感覺：怎麼生命會差這麼多？

自幼調皮好動被阿嬤叫做「猴播天」。

意外入行

然而人生的轉折就是讓你想像不到。台灣師大美術系（當時稱藝術系）的學生江明德、汪壽寧、林書堯，他們剛好租房子在我家隔壁，同一排，隔了幾間而已。經由他們，我接觸了藝術的世界，也因此被說服進入師大美術系擔任長達九年的人體模特兒。那時是一九五六年，我十六歲。

會開啟這一段因緣，跟江明德闖的禍很有關係。據說他有次上課遲到，進了畫室仍一副老神在在，也不專心作畫，反倒久久盯著現場身材微胖的模特兒上下打量，令對方覺得受到騷擾，不被尊重，一氣之下不幹了。那個年代人體模特兒難求，江明德的無心之過可嚴重了，只好以贖罪的心情幫系上尋覓人選。

可能因為我常常抱著弟弟在門口走動，身材也蠻豐滿的，他們注意到我，透過我的朋友優子，要她來邀我去他們家玩。進去之後，江明德、汪壽寧拿出一大堆圖書和畫冊，裡頭有古希臘的神話故事、裸體雕像，引起我好奇，很有興趣地翻閱。他們一一為我講解，順口說道：「妳現在這樣的姿勢很漂亮，給我們畫好不好？」很自然地就隨手幫我速寫。

我跟他們成了好朋友，會相偕出去玩，從和平東路騎腳踏車到碧潭游泳，或者逛逛舊書攤，覺得跟他們相處好快樂。有一天他們開口問：「妳來當模特兒好不好？」

「模特兒是什麼啊？」

「妳就坐在那邊給人家畫啊！」

「什麼事都不用做嗎？」

「對，只要給人家畫，只要妳喜歡，很快樂的……妳喜不喜歡看畫？」

「喜歡啊！」

就這樣，青澀懵懂的我在他們的慫恿之下，被半哄半騙進了人體模特兒這一行。先是在張義雄的畫室，後來被引薦到師大美術系。起初是穿衣服，畫了差不多半年後才裸體。

在畫家張義雄位於第九號水門的畫室，我貢獻第一次裸體模特兒的經驗，那種羞愧不安與全身僵硬的感覺至今仍歷歷在目；幸虧好友江明德、汪壽寧的體貼陪伴，加上親眼見識到畫家們的尊重與作畫時的專注無邪，原先的情緒起伏才得以緩解。

不過我的心情依然很複雜。對於裸身供人描繪，不要說正值少女時期的自己難以認同，當時保守的社會環境更是無法接受。在藝術圈子裡，我漸漸的能理性面對模特兒的工作情境，但踏出藝術的保護傘，內心的自卑感時時作祟。有一次，師大美術系女教授袁樞真不經意地說道：「我告訴妳喔，妳不要以為當模特兒沒什麼，在法國的時候，我要先當模特兒才可以學畫耶！」偶然的一番話，給了我很大的激勵，意識到沒有必要看輕自己的工作角色。

我從小就愛動，小學遊藝會都被老師抓去跳舞，心裡也懷抱著舞蹈的欲望。進到師大工作沒多久，由於模特兒的收入與時間相對比較有餘裕，於是很快便開始認真學舞，一圓

左｜剛進師大美術系工作不久的林絲緞，宛如學生般憨實，1957。
右｜於玉山車繡場學習，1957。

心願。江明德還鼓勵我再進修，他們主動幫我借來很多初中的書，我也到附近的開南補校就讀，還學了英文。

不可否認，剛開始我只是把模特兒當作臨時的工作，當模特兒跟當女工所接觸到的當然差很多，一個月四百元收入也比較好，能給家裡更好的照顧（附帶一提，我是被歸在「材料費」！）。最重要的是，當模特兒的時間比較自由，生活面更豐富，可能我一天工作三個小時，其他時間就可以自由安排，去學舞蹈或一些別的，很有彈性，更何況我根本不是個可以整天規規矩矩坐在工廠重複做同一件事的人。於是模特兒一做就是九年！

首張林絲緞的肖像畫，師大美術系學生陳景容於張義雄畫室的作品，1956。

與藝術家的合作是一體的

剛開始當模特兒擺動作的時候，因為對人和環境還不夠熟悉，對身體的認識也不足，所以很呆板，整個肢體「柴柴」；之後跟人有了互動，環境也熟了，加上學舞的鍛鍊，就忍不住開始作怪，想表達自己的想法。譬如站姿會嘗試多種站法、用平行的手勢展現更多張力等等，速寫方面的嘗試就更多樣了，因此學生常常講：「妳是不是要考我們？」通常一個動作會長期固定，在師大常常一個姿勢一擺就兩個禮拜。至於一個動作要站幾分鐘，耐力如何，牽涉到著力點的問題，著力點要抓得很穩。這是一種身體的能力，一種身體所展現出來美的課題。

當初江明德他們把模特兒工作形容得輕鬆有趣，但其實很有考驗。人不是靜物，要像雕像一樣維持一個動作靜止不動，以便畫家觀察、研究與創作，聽著空間中畫家們窸窣運筆與挪移身體的聲響，時間宛如凍結，肌肉的痠痛與血脈的凝滯，要怎麼度過，絕非如同當初被說服的那般「什麼事都不用做」。幸好我有舞蹈培養出來的身體意識與能力，想像力又很豐富，因此給畫家畫的時候，我的腦袋都忙得不得了，搬演著許多故事。每一個姿勢、每一個造形，我都會賦予一種感受或一個故事，而不是死死的擺動作。

我很常從一個造形去想像舞蹈。譬如楊英風做〈火之舞〉的雕塑時，我擺的動作有點

楊英風創作以林絲緞為模特兒的雕塑，
1958，楊英風藝術教育基金會提供。

辛苦，雙手舉得高高的已經可以碰到天花板，站的時候因為要撐住身體往上延伸，肌肉會有所改變，久了撐不住就會掉下來，為了把疲倦僵硬的肌肉再推上去，我會靠想像力幫忙，想像自己在雲裡飛躍，無比輕盈。所以那陣子我當完楊英風的模特兒回家，常常會作夢，夢到自己脫了衣服到處飛來飛去。

經過這樣的職業磨練，幫助我學會與自己的身體對話，想像力超越了生理的疲憊，工作時承受的不再是枯燥無趣。而且在看與被看之間，更敏銳察覺到人的身體姿態與心理的關聯。尤其雕塑創作，是需要三度空間的觀察肢體，我也必須在長時間的固定姿態找到自己肌肉的著力點，再觀察雕塑家如何以不同角度雕造形體，楊英風可以說是早期影響我舞蹈思維最深的人。

像張義雄在一九五二年第七屆全省美展獲獎的畫作〈裸女〉，畫中的我彎腰、單手托腮、肘支膝上的坐姿，整個人向內窩縮著，擺起來很瘦，十分

楊英風的雕塑〈裸女〉（1958），及泥作完成後攝影作品（二度創作）。

煎熬。這個姿勢本身就是壓縮、沉悶的，自然會產生一種比較悲觀的情緒；如果是放射性的姿態，感覺就會比較明朗。我對人的動作一向很敏感，看人的動作可以看到他的內心，或許就是因為當模特兒和跳舞的影響。後來當我教舞，分析學生動作的時候，他們會驚訝地說：「老師妳好像在算命一樣！」從動作就能做心理分析。

每個行業都有它的精神在，重要的是搞清楚自己在做什麼。與藝術家合作愈久，我愈能體會袁樞真教授「不要以為當模特兒沒什麼」那一番話的真義。我深深感覺到模特兒與藝術家的合作是一體的，互相感應、互相在創作，雙方的互動可以產生更豐富的創意。我後來也把當模特兒視為一種舞蹈，不是在那邊隨便站個幾下或者給個什麼姿勢。這一點在之後與攝影界的合作，更是發揮得淋漓盡致。

每張照片都在舞蹈

透過雕塑家楊英風的引介，我開始跟攝影界接觸，第一次的合作對象是大名鼎鼎的攝影家郎靜山，他一個人單獨拍我，楊英風就陪在旁邊，讓我安心。大師作品在報紙上發表，讓我原本低調的模特兒身分曝光，連帶成為起步中的台灣攝影圈的熱門邀約對象。

當時台北有兩個攝影協會，一個是以郎靜山為首的外省籍人士組成的「中國攝影學會」，另一個是本省籍人士成立的「台北攝影學會」。當年省籍意識分明，卻不是影響我

與中國攝影學會攝影家們於高雄月世界，1966。

要不要合作的考量。我顧慮的是照相機這個新興的創作工具，比繪畫的傳真效率與複製性都高，所以對於當攝影模特兒態度上保守許多，跟攝影家工作也都透過熟識的友人介紹。譬如說日本的三木淳，台北攝影學會有一群他的學生，都經過他介紹，還有台北攝影學會的鄧南光以及為人熱心的莫一明，必須是我自己認定比較可靠的人才行，不認識的就不讓他們拍。在當時尚屬新興藝術的攝影界，幾乎都邀請我擔任他們的拍攝對象，像是張才和留日返台的柯錫杰等，工作上都有密切的互動。

攝影界人士為了尋找不被干擾的拍攝場景，常會冒險到一些偏僻的地方。我曾經跟著台北攝影學會的朋友，偷跑進當時還是軍事管制區的野柳，在那邊抱著女王頭跳舞。之後他們辦展覽，野柳跟著轟動起來。而柯

「絲緞攝影聯合展覽會」，展覽現場水泄不通，前為與攝影家柯錫杰合作的人體舞蹈作品，1965。

錫杰在一九六五年的攝影聯展時的那些大張舞蹈連作，後來《中國時報》刊登出來，有幾個舞蹈界的晚輩很驚訝說，怎麼這麼漂亮？這麼早林絲緞就有這種舞蹈動作！

從模特兒的角度來看，擔任攝影模特兒更能恣意揮灑自己的舞蹈才華，有更多的空間去展現身體的能量。我很喜歡到戶外拍照，就像在野外跳舞，沒有穿衣服又沒有閒雜人等，感覺好輕鬆，彷彿跟大自然遊戲，整個人也充滿自信。比起繪畫，攝影的速度很快，我就不管他們，逕自跟大自然跳舞，每個手勢、每個姿態都洋溢著表情，他們就一直按快門，覺得很難得有這麼能表現的模特兒。這也是因為我知道他們都很保護我，才能如此盡情放開來。我的每張照片都可以說是在舞蹈，非常自然，跟環境有一種感覺，一旦進入那種情境，我會抓住攝影家喜歡什麼，

當年還是海岸管制區的野柳是攝影家們與林絲緞舞蹈的祕境，1963。

就由我來表現。

有一期《花花公子》雜誌（*Playboy*）作世界各國女性專題，也邀請我參加。我記得他們還問我最喜歡什麼？我說蘋果，也被寫了出來。給他們拍一次我拿到四千塊，那時的四千塊很大！他們並沒有要求我擺什麼性感姿勢，完全讓我自由發揮，就在野外拍攝。

不過，我還是跟畫界的人感覺比較親近。坦白說，當時攝影還是新藝術，在台灣還無法完全被視為一種創作形式，攝影人才在論述上相較也尚未深入，我跟他們的談話無法像畫界那樣豐富多彩。另一方面當然也因為一張畫要畫很久，但攝影可能只有一個多小時，頂多兩小時，相處時間短暫。即使到野外拍攝耗費的時間較長，要長途搭車或者過夜，但往往只是吃吃飯閒聊，沒法多談些什麼，就是工作，速度要很快。

捍衛職業的專業性

我大概是一九六〇年代台灣最活躍的人體模特兒了，從繪畫、雕塑到攝影，都有我的身影。然而，人體模特兒在當年是上不了檯面的行業，隨著攝影家作品在海外得獎登上報紙，我也跟著被曝光，各種難聽的話都出現了。有一次我從家裡騎著腳踏車要去師大，後面就有兩個鄰居指指點點說不停：「那個緞仔，袂見笑，脫光光讓人家拍照！她又要去脫衣服給人家看了。」我一氣之下，把腳踏車放好，就把他們推到路旁的水溝裡，然後悠哉騎車走掉。這件事在村子裡引起軒然大波，左鄰右舍對我更不滿，連我媽媽都被罵。

那個年代，警察一個月會來「查戶口」一次，有一回在江明德家裡，發現他畫我的一幅油畫掛在牆上，一看不得了，怎麼可以掛裸體畫，要把畫拿走，兩人便吵了起來，我也受牽連，被叫到警察局去說明，大家都很緊張，後來幸好袁樞真教授拜托人出面幫忙，事情才平息下來。

諸如此類的社會輿論與種種壓力接踵而來，讓我跟家人的距離越來越大，以前的朋友也沒了，我不得不搬出去住，母親在我搬離家時哭得很傷心。「我明明沒有做壞事，為什麼會搞成這樣？」年輕的我憤慨不已，為了證明自己，也為了顯示這是屬於藝術上的正當工作，裸體沒什麼好羞恥的，憑著一股衝勁，我決定為自己發言，希望慢慢改變社會對這一行的保守偏見。

一九六一年，我邀集了美術界的朋友，將他們以我為模特兒的畫作及雕塑作品計一百多件，舉辦了台灣首次的人物美展，共三萬人次參觀，引起很大的迴響。四年之後在台北攝影學會及中國攝影學會的請託下，大家共同花了一年創作後，在一九六五年舉辦了聯合攝影展，最後還出了書★，引起了轟動，前後七萬多人來看展覽，位於新生報業大樓的展場擠得水泄不通，每天都登上報。

老實說，模特兒是藝術家創作的一個過程，針對大眾普遍的不了解甚至誤解，本來應該由藝術家出面對社會做宣導教育才對，結果卻變成我自己要扛起來做！畫家們也只是說早年在日本當模特兒，不是要當就能當，還有模特兒協會，但台灣現在只有妳一個……他們只講這些，卻沒有進一步行動。或許是台灣的藝術家不善於表達，也或者是其他原因，反正好像就由妳一個人去承擔這些眼光吧！

我在師大時，別的系看到我這個模特兒好像看到鬼一樣，他們注視的眼光，和走過身旁那種彷彿我有傳染病的態度，真的很莫名其妙，令人受不了。即使系上幾位教授都很關心我、保護我，跟他們也很有話聊，但還是會碰到不尊重這份職業專業性的狀況。有一次美國新聞處要送一個維納斯雕像給師大，並預定到美術系參觀，系上便要求我在現場給學生畫，順便讓他們看上課情形，我馬上反對：「他送維納斯跟我有什麼關係？我為什麼要坐在那裡給那些不是畫畫的人看？」

即便今天，社會對人體模特兒的普遍觀感仍然是偏見與冷漠居多，畫家們多半只把模特兒當作工具、材料，談不上什麼特別的關切與尊重。我之前舞蹈教室的行政助理，後來也在大學的美術系當模特兒。有一次她心情低落地來找我，說教授沒有經過她同意，在教室拿起照相機拍照，雖然她現場表示抗議，但教授不甩她。我聽了很生氣，提醒她：「這是妳的權益，他不應該這樣子！去給他們畫就是畫，沒有其他的，當時就應該拒絕！」這是發生在一九九〇年代的事，時代在進步，但人的態度真的有跟上時代嗎？從事美術的人與學校單位，至少應該對模特兒多點尊重和關愛吧。

對於模特兒工作的定位、責任、權益，我多半靠自己摸索，憑著主觀的感受與環境衝撞，爭取對我的專業性應有的合理對待。有次我上課遲到，廖繼春教授忍不住提醒：「妳如果遲到十分鐘，那三十幾個同學在這邊等，就變成幾分鐘？老師沒有來沒有關係喔！但畫畫、習作，學生是不能中斷的。」我聽他這麼說，心裡承認自己有錯。同時馬上聯想到，如果我沒來，學生就沒得畫，他的言外之意是說我比老師重要就對了！當下我就決定：

★即《我的模特兒生涯》，林絲緞著，文星書店，一九六五年初版。

與師大美術系同學們出遊，中為好友楊婉容，
右為林絲緞，1959。

「好，那我可以管學生。」那時候我在學校已經算資深，上課時，學生有時遲到進進出出，干擾很大，於是我規定遲到必須在外面等到休息時間才可以進來，學生也照著做。

告別模特兒生涯

一九六五年，攝影展引起了全國轟動，卻也引發了藝文界與社會正反兩極的評價，甚至在報紙上打起筆戰，原先預計要巡迴到中南部的展出，因為內政部派人來勸退，於是後續的行程都取消了。最後我決定結束長達九年的人體模特兒生涯，向社會大眾宣告退休，那年我二十五歲。

曾經，在報社的專訪上，遭遇過的種種無奈與不平化為一句：「我對模特兒的工作，已經厭煩到極點。」（《聯合報》，民國五十三年十二月六日）這份工作，為我提供了較為寬裕與自由的生活條件，讓我能夠有學費去學舞以及提供家中經濟支援，不過相對的，必須押上自己的名譽冒險。即使隨著年齡、見識、經驗的增長，轉換為積極面對的態度，一再用行動去教育大眾，但長期單打獨鬥下來，在那個爭議不斷的年代，了解的了解，不了解的仍舊一大堆！這種難言的苦悶，就像記者在文章中形容的：「她似乎已經打贏，又彷彿已被打敗。」

我真的覺得自己做得差不多了，一方面有人要請我教舞，我也已將舞蹈視為未來要走的路；另一方面我當時跟李哲洋★談戀愛，他提議該結婚生孩子了，似乎就這樣到了轉換的時刻。事實上，那時日本攝影家三木淳曾問我要不要轉往日本發展：「妳到日本當模特兒會大有前途，因為妳身體的比例很好，很健康又很活潑，又很能表現。」我聽了心癢癢的，覺得也能順便去日本學舞蹈很好，但因為李哲洋希望我留在台灣，就沒有成行。

★李哲洋（一九三四—一九九〇），民族音樂學者，《全音音樂文摘》主編，翻譯多本音樂相關著作。一九六六年與林絲緞結婚。

要入行當藝術模特兒，只靠外表是難以長久的，必須付出專業上的投入與內在條件的充實，才可能化為那股刺激藝術家創作靈感的動力。後來跟我學舞的學生當中，也有人從事人體模特兒工作，我總是建議她們盡量利用當模特兒的期間充實自己，畢竟這不是長期的工作。我雖然做了九年，但人總是要有所突破吧！況且也賺不到什麼大錢，長久下來別人對妳自己的尊敬與態度也是問題，甚至可能影響到結婚等許多方面。

現在大家會說時代不同了，但我覺得不管怎麼樣，總仍有許多人對此懷有不太正面的評斷。如果妳想要求自己的尊嚴跟平等，就需要運用更多的創意去做好這份工作，展現它的專業性。不管是當哪一種模特兒，如果一個女人只有一時的以漂亮的外表來展示，專業生命會很短，重要的是要能展現她自己作為一個人的獨特精神。若沒有精神上的一種創意、一種作為或者一種突破點，到後來也是空虛，難以為繼。

對美的形容，對價值的取捨，每個人的主觀都不一樣。但不管在做什麼，認清自己選擇的作為，從付出當中去得到，也去承擔，這個過程很重要！這是當模特兒教我的一課。

02

Chapter

溫暖的藝術圈大家庭

跟這些藝術家往來，互相取暖支持，我真的很快樂。

生命場景

- 1956-1965 ｜擔任人體藝術模特兒。
- 1960-1964 ｜成立個人畫室。
- 1961.05 ｜舉辦以林絲緞為唯一模特兒的人物畫展「第一屆人物美展」。
- 1965.01 ｜舉辦以林絲緞為唯一模特兒的攝影展「絲緞攝影聯合展覽會」。出版《我的模特兒生涯》一書及《林絲緞影集》。

我剛進師大美術系時，自卑感很重，把老師、學生都當「神」看待。但從十六歲待到二十五歲，九年的時間，若是念書，從初中也一路念到大學了，足夠讓我仔仔細細的觀察、學習。我去補校進修，並盡量利用學院的資源旁聽、閱讀，上過法文課、郭軔的理論課、廖繼春的創作課……，從不懂到有點懂，慢慢薰陶，尤其是跟藝術家們的互動、閒聊，無形間成為最好的自我充實機會，我從羞澀生疏逐漸轉變為專業自信，整個人在藝術的包圍下成長。

師大美術系師生的呵護

我常跟師大美術系的學生一起打籃球、寫生，感情很好。上課時，有時我看他們兩個禮拜在那邊磨磨、擦擦，畫不下去，就會主動提議畫速寫。我把教室當舞台，有時帶著手提唱盤，放著古典音樂，跳起舞來，學生作畫的情緒跟著被帶動，邊畫邊抱怨說我在考他們，叫我不要跳那麼快好不好！

至於系上的教授畢竟是長輩，免不了有些距離，但我有幸看到他們平易近人的一面。我記得廖繼春教授總是和顏悅色，是個好好先生，但身體不太好，常咳嗽，有幾次廖師母穿著木屐，手提菜籃，腳步聲很大，走進來教室說：「夭壽喔！你的藥叫你帶也沒帶！」他只是笑笑的，點點頭。我常常到辦公室喝茶，一大堆教授在那邊聊天，會叫我進去坐，介紹說「這是我們系上的模特兒」。

因為相處久了，偶爾跟教授們撒撒嬌、耍耍脾氣，他們不以為忤，總把我當自己的小孩或學生一樣地關愛。有一次在廖繼春的教室，那時是冬天，室內照例用木炭起火爐，結果那天起了好久都沒成功，我半賴皮半撒嬌地埋怨：「這麼冷，你教我怎麼做嘛？」他還是笑笑的。我習慣工作時一定要有音樂，所以教室會播放唱片，不料系主任黃君璧看到了，嫌吵，很不客氣地說：「模特兒，妳不能聽音樂！」我不滿地回說：「不讓我聽音樂，我就不來！」隔天就真的沒去。後來袁樞真知道了，交代學生讓我聽音樂，所以我又繼續工作了。袁樞真很疼我，曾經對我說：「別的學生四年就畢業了，妳可以一直讀、讀、讀，不要畢業，有很多東西妳可以比較有思考喔！」這一點我深感認同。她知道我在學跳舞，一直很鼓勵。在師大美術系期間我非常快樂，也因為人際互動如此溫馨呵護，所以當教授們勸我到藝專、文化大學兼職，我總提不起興趣，不了了之。

藝術家親如家人

我和許多藝術家建立了深厚友誼，常給那些當年生活清苦的前輩畫家免費畫，也不會跟他們算什麼時間，大家都是朋友。畫完了就一起放鬆一下，隨便吃一吃切仔麵或聊天泡茶，我很多藝術觀念、美學，就是那時候他們給我的。休息的時候，我習慣衣服一披上，就去看看他們的畫，他們會告訴我哪裡畫不出來或掌握不好，口中念念有詞，所以我連帶學會蠻多看畫的方式。

我跟楊英風最親近，他可以說是我的老師，個性隨和，沒有架子，對人很好，在藝術、人文方面涉獵廣泛，給我很多啟迪，甚至我的藝名「林絲緞」，也是他建議以我母親的姓「林」取代「卓」，再將「糸」改成「絲」，說比較好記好叫。我會騎上腳踏車，差不多傍晚六點到他們家開始工作，離開時通常將近深夜十二點，一個星期去兩、三次，持續了差不多兩、三年，跟他的家人變成朋友，楊師母有時會主動打電話跟我聊天，我還曾騎腳踏車載他的女兒去學舞。我跟楊英風講話毫無拘束感，既像朋友，也像他的小孩。當他的模特兒的時候，工作一結束，他一定會跟我講解一些藝術的觀念，講完又有點心吃，感覺很幸福。楊英風的藏書豐富，我很喜歡看雕塑的畫冊，作品看起來都好震撼，他也會一一講解。在一九五〇年代他就跟我談敦煌了，拿很多敦煌壁畫的書給我看，我一看只能「哇！」一聲，覺得好稀奇。經過他生動的描述，我腦海有許多想像，恨不得馬上飛過去看。

在那個年代，生活單純，雖然電話不普及，要找人都得寫信或者直接到家裡找，碰運氣，但人跟人的互動很緊密。我和李哲洋的家就好像小沙龍，大家常聚在一起天南地北聊，因為都沒什麼錢，吃飯的時候，一桌子就是炒豆乾、韭菜、豆腐湯，偶爾有一條小魚或放一點肉絲，就算很豐富了。畫家跟畫家時常聊一聊就吵起來，旁邊有什麼東西就往對方丟去。或許因為是戒嚴時期，外界進來的東西少，大家都蠻悶的，所以藉機發洩一下吧。只是當時如果家裡有客人來過夜，或者到晚一點還很熱鬧，馬上就會有警察來查了，眾人也只能噤聲。

相濡以沫的藝術圈

模特兒的工作，讓我接觸到許多藝術圈的長輩與同儕，他們帶給我生命極大的養分，不管是心靈上、事業上相互的激勵、扶持，甚或經濟上的疏通。我很慶幸跟他們一起走過那個年代，看到他們在作品背後的煎熬與辛酸，在創作之外的平凡與溫暖。

畫家張義雄是我展開模特兒生涯的起點，也畫我最久。他本來在師大當助教，後來因為有一個教授叫他去買菜，買好還要送到家裡去，受盡委屈，於是自己用功起來，離開師大，成立自己的畫室。張義雄很關心學生，學生也很多，什麼階層都有，我記得有一個是警察，大家都叫他「七分局」。陳景容跟張義雄學了很久的畫，本來大家以為陳景容很窮，因為他下雨不拿傘，常被雨淋得溼答答，衣服破了也穿，常看他襪子破一個洞，張義雄便幫忙找了很多衣服給他。後來有一次陳景容生病，他爸爸從彰化開車來看他，穿西裝，好紳士，看起來就是有錢人嘛！大家才恍然大悟原來鬧了個笑話。

我跟張義雄與他那一群老學生的情分，即使到現在他過世了都維繫著。二〇〇五年十一月，張義雄返台，他們邀我一起餐敘，現場來了十幾個老學生，都畫過我。張義雄謝

林絲緞（中）長期跟美術界合作，大家都成了朋友，戴帽者為畫家張義雄，1966。

謝大家請他吃飯，接著感慨地說：「當時你們來跟我學畫，我那麼窮，你們都不嫌棄，又跟到這麼久的時間，非常感謝！」一個學生提到當年師母對他的誤會，講著講著眼淚就流了下來，張義雄的眼睛也紅了，當時張義雄九十歲，那個學生也六十幾歲了，看著兩個老男人真情流露，非常感人，是師生間發自內心的互相尊敬與愛，完全沒有隨時間流逝而淡薄。其中有一個學生半開玩笑提議：「我們再回頭畫林絲緞吧！一定會變成大新聞！」

這些藝術圈的長輩和友人，彼此的相處互動，就跟他們面對創作一樣真誠、單純。有一次我跟一大群師大學生去爬太平山，從新竹下來，有人提議去找李澤藩老師。於是不管爬完山全身髒兮兮，一大群人就衝到他家。他看到直說：「哇！你們哪ㄊㄥˋㄊㄥˋ（脫）起來，可以滾一鼎ㄆㄨㄣ（餿水）！」他帶我們去城隍廟口吃肉圓，我們毫不客氣大吃一頓，花了他不少錢，他則是在一旁滿臉笑嘻嘻。李澤藩是個很幽默的人，平常愛開玩笑，人就跟畫一樣明朗。

我住敦化北路時，洪瑞麟是鄰居，經常碰到面。洪瑞麟畫過我，人相當隨和，事實上透過他帶給我很大的幫助。他介紹我認識一位姓倪的老闆★，倪先生蒐集了很多老前輩的畫，有錢，喜歡藝術，自己又愛攝影，曾經拍過我。一九六四年我第一次的師生舞蹈發表會，多虧他贊助很多錢，幫忙很多。我去過倪先生的別墅，有好大好大的游泳池，我眼睛一直盯著瞧，心想要是我的多好！雖然只是白日夢，但在他家有吃到蛋，那時蛋很貴，他們做水煮蛋，放一點糖、蜂蜜，好好吃！那種滿足的滋味一直都還記得。

成立畫室是為了大家

半世紀前的台灣，藝術欣賞仍屬於上流社會、有錢人與知識分子等小眾的專利，畫家的地位不像現在這般受尊崇。一般人多半難以理解這些人為何三餐難得溫飽，卻仍不斷製

★此處指的應為倪蔣懷的兒子之一，倪蔣懷是早期台灣美術最重要的贊助者與收藏家。

造一些乏人問津的作品。我第一次踏入張義雄在第九號水門的畫室時，對藝術幾乎全然陌生，很驚訝怎麼有人會在那麼簡陋的倉庫工作，眼前所謂的畫家，看起來似乎不比自己富有到哪裡去。直到後來與更多的畫家接觸，我才明白，擁有一間畫室對於諸如廖繼春、李石樵、張義雄等許多窮畫家而言，是何其奢侈的夢想。一般去到的地方頂多只能算是一個「空間」，趁家裡沒有人或者把家人都趕出去再工作。

像楊英風是在他家的走廊，日據時代的房子，走廊也不寬，範圍不到三坪，他用布簾圍起來，我站在書桌上當台座。張義雄的畫室東搬西搬，也都很簡陋，不過是用來教學生，不算自己的畫室。郭柏川從台南北上，一個人畫我，是借他學生的住所。總之，很少人有自己的畫室。印象中，大約只有像楊三郎、袁樞真，有足夠的經濟後盾，才有條件擁有一間像樣的畫室。出道幾年後，有次我應邀參與前輩畫家們在楊三郎家的聚會，看到畫室的設備、採光及規模，都是當時少有，打心裡訝異極了。

攝於台北市和平東路的絲緞畫室門口，1961。

由於大家搶著要我當模特兒，沒法分身，我想那就乾脆自己成立畫室吧，反正大家環境都很不好，畫家不用再為了找空間傷腦筋，白天椅子搬開我也有大空間練舞，用來辦攝影展、畫展還可以貼補房租。於是一九六〇年，我在台北市南京東路成立「獨立畫室」，隔年四月搬遷至和平東路師大附近，更名為「絲緞畫室」，還訓練男模特兒。然後畫室又搬到永和，在中正橋頭下，出去買菜或吃麵時，常會看到楊三郎。劉其偉那時也住在永和，他畫水彩，是個很認真的人，那時他好瀟灑，個子高高的，常戴頂帽子，一邊走一邊啃饅頭。他常到非洲、原住民的地方，有時有一些樂器，或者什麼音樂，就會給我先生李哲洋一些資料，一起探討音樂，所以我常跟我先生去拜訪他。

畫室如藝文沙龍

雖然成立了畫室，但其實我根本沒有「經營」的想法，完全是因為自己方便、別人也方便就去做，順勢而為，有時就像辦家家酒一樣，很好玩。像雷驤曾經到畫室跟著我們一起練舞，就穿著軍內褲跳，其他人跳著看著強忍住笑，最後他抗議：「我不要跳了！你們都在笑我！」許多畫家朋友很窮，來畫室畫我也沒跟他們收費，大家感情很好。

陳德旺和他的學生李德也來我畫室畫。陳德旺有胃病，很瘦，他過來和平東路的畫室交通不太方便，但他很認真，每次來都靜靜的專心畫，不跟人家多聊什麼。那時畫畫用炭筆，要用饅頭擦，有時他會買兩個饅頭，一個用來擦，一個就放在旁邊肚子餓時吃。還好他的學生李德處處都很幫忙他，有時候只有他們師生倆，邀請我給他們畫。李德本來在做貿易，為了畫畫就不做了。我也非常感謝他，那時我兩個弟弟讀初中、高中，我常得跟他借錢湊學費。

席德進也蠻喜歡畫我，都是自己一個人來畫室，還教我要怎麼保養皮膚。尤其夏天，我晒得黑，常常被他罵：「妳裸體去游泳好了！就兩條帶子，怎麼畫？這裡黑一塊、白一塊的，胸部特別白，其他的脖子下來特別黑！肚子也很白，腳又很黑……」他煩惱光線不知道怎麼抓。我也不管他，想說你能畫就畫，不能畫就算了！

我的畫室不單純是畫室或練舞室，更像是藝文界人士交流分享、凝聚情感的沙龍，會特地規劃「論壇」，邀請尚未獲得肯定的年輕藝術家和學者舉辦講座。我曾經邀請現代藝術學者顧獻樑來演講，當時師大排斥他，有教授批評他是騙子，但師大學生都跑來聽他演講。事後他再三道謝：「妳是怎麼想的？我等這一天很久了！」我回答：「我是有新的、好的就引介呀！」後來事實證明，當時剛回國的顧獻樑學貫中西，以傳統與現代兼備的思維，成為台灣舉足輕重的藝術史學者與藝評家。

一九六一年五月，我邀請畫過我的藝術家們提供畫作及雕塑作品，以「絲緞畫室」的名義舉行「第一屆人物美展」，那年我也才二十歲。四年後又邀集攝影界友人舉辦「絲緞攝影聯合展覽會」，並出版自述與攝影專輯，正式告別模特兒的身分。這些展覽盛況空前，人像蒼蠅一樣多，在當年的報章雜誌引起廣泛報導與爭論。

以林絲緞為唯一模特兒的「第一屆人物美展」現場，有三萬人次參觀，1961。

上｜台灣新生報大樓，人物美展入口觀眾排隊購票，門票台幣1～2元，1961。

中｜與五月畫會成員們合影於人物美展現場，1961。

下｜（左起）李瑠美（李哲洋之妹）、後來的丈夫李哲洋、林絲緞攝於人物美展現場，後為李哲洋畫作，1961。

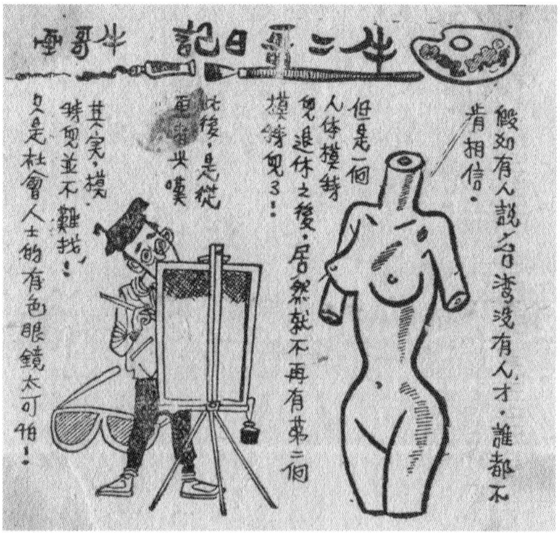

「絲緞攝影聯合展覽會」在舉辦前已有各種輿論聲音，圖為《民族晚報》牛哥的插畫，1964年12月7日。

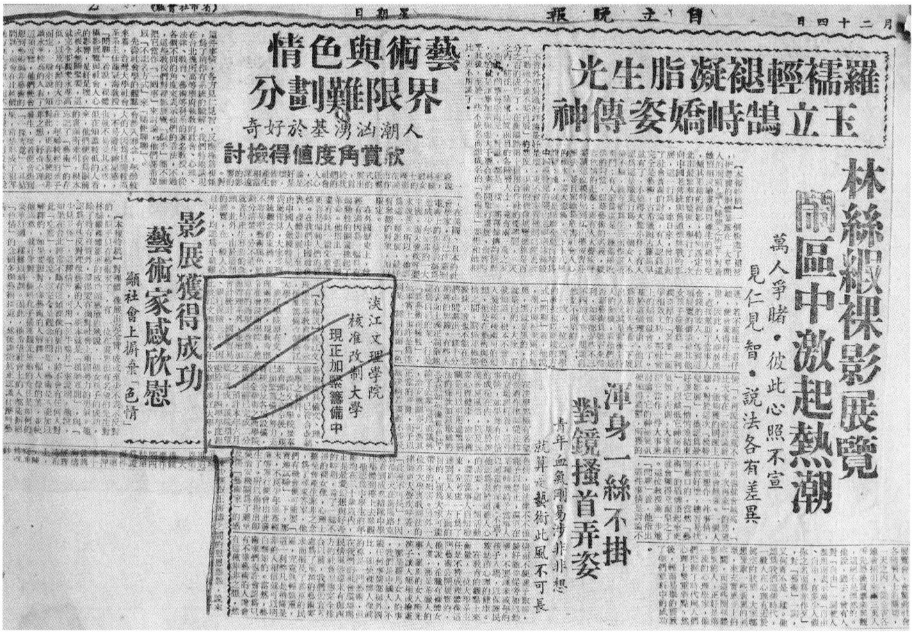
月二十四日

自立晚報

藝術與色情 界限難分割

人潮洶湧基於好奇

欣賞角度值得檢討

羅襦輕褪凝脂生光 玉立鵠峙嬌姿傳神

林絲緞裸影展覽 鬧區中激起熱潮

萬人爭睹，彼此心照不宣

見仁見智，說法各有差異

影展獲得成功 藝術家感欣慰

渾身一絲不掛 對鏡搔首弄姿

青年血氣剛易涉非非想

就算是藝術此風不可長

淡江文理學院 核准改制大學 現正加緊籌備中

「絲緞攝影聯合展覽會」引起軒然大波，圖為《自立晚報》報導，1965年1月24日。

攝影家柯錫杰為「絲緞攝影聯合展覽會」特別創作的作品，1965。

我覺得目的達到了，就是要大家去正視、去思辨。你認為藝術也好，認為不是藝術也好，都隨你，而我本質上很清楚：我在藝術工作。

我把舞蹈的活力帶進模特兒工作，慢慢地建構起自己的意志與主見，跟這些藝術前輩與年輕世代的藝術菁英往來，互相取暖支持，視野也因而更開闊、多元，那段期間，我真的很快樂，回想起來仍然覺得很美。當年藝術圈的朋友，後來在台灣藝壇有許多都是備受尊崇的人物，我女兒曾經開玩笑說：「媽，若當初妳每個人就跟他要一幅作品，妳現在就是大富翁啦！」

03

Chapter

林絲緞，她也會跳舞？

我這個人也不跟你爭，
我就實際表現給你看！

生命場景

- 1961 ｜舉辦以林絲緞為模特兒的人物美展。應邀於舞蹈社兼課教舞。
- 1963 ｜成立舞蹈教室「東方藝術舞蹈研究社」於永和，正式投入舞蹈教育工作。
- 1964-1965 ｜舉辦兩次師生舞蹈發表會，於台北市中山堂。
- 1965 ｜舉辦以林絲緞為模特兒的人物攝影展。正式告別模特兒工作。
- 1975.05 ｜舉辦個人現代舞獨舞發表會，於台北市中山堂演出兩場。

舞蹈是我真正想要的藝術。從十六歲開始學舞起，我在舞蹈上的投入與努力，更數倍於模特兒工作。不過當時一般人對我的印象常常只停留在後者，殊不知由於我對舞蹈的熱愛和能力，才有辦法成為一名得到藝術家肯定的模特兒。攝影家柯錫杰後來在一篇訪談中也提到這一點：

「她的身段在整體的搭配上非常完美，是屬於豐滿、健美型的人體模特兒，由於習舞的關係，使她在鏡頭前的姿態非常優美，即使是不擅攝影的人拿起相機來，有了林絲緞，也能夠有美麗的作品出現。」（陳多明，〈台灣第一的人體模特兒—林絲緞〉，《Esquire 風尚》台北中文國際版，一九九五年九月號）

舞蹈的生命開始跳躍

我會特別迷上舞蹈，除了天性好動，大概是小時候愛看民俗表演種下的因子。我記得一到夏天，鬧區會出現好幾攤賣膏藥、賣雜貨的，為了招攬人氣，會耍一些民俗技藝。碰上大拜拜、小拜拜就更熱鬧了。那個年代沒有電視，廟會節慶搬演的京戲、歌仔戲，還有迎子弟、七爺八爺那些陣頭，就是最了不起的娛樂。我覺得好好看，曾經傻傻的跟著陣頭一直走、一直看，走到都不知道要回家。對懵懵懂懂的孩子來說，這些算是愛跟著手舞足蹈的一種營養，一種根底。

會去當模特兒，除了分擔家計的主要考量之外，也是想滿足學舞的渴望。所以擔任模特兒沒多久，我很快展開習舞的行動，江明德先帶我到前輩舞蹈家蔡瑞月的教室參觀，但由於不喜歡民族舞的風格，所以聽從好友師大學生王麗芳的建議，到別的教室學舞，不過學習過程始終得不到預期的滿足感。

那時我從國外歌舞片《紅菱艷》、《天鵝湖》的觀影經驗，尋找到內心企盼的舞蹈形式，後來與美術系學生林一峰互相分享學舞經驗，並看了許清誥的舞劇《黃金與奴隸》之後，一九五七年便轉到他的門下，研習古典芭蕾。期間由於許清誥的教室搬遷以及返日居留之故，精力旺盛的我，於一九五九年又到康嘉福的教室學習，工作餘暇填滿了舞蹈。

這兩位老師都留學日本，但教學風格各異。康嘉福承襲法國派芭蕾的唯美風格，比較浪漫柔和，有時會把經典舞劇某些段落的雙人舞列入教學課程。許清誥承襲蘇俄的芭蕾傳統，用法文術語上課，教學嚴格，注重跳躍與力度，會特別留意細節，像是手指的姿態與頭、頸、手臂的角度、位置，而且他也從事全新的舞劇創作，尋找新的手法和動作來創造屬於東方又貼近時代的舞蹈表現。

順著台北圓環的南京西路，向著火車站的方向走，許清誥與康嘉福兩人的教室就在附近。通常康嘉福是傍晚約一小時的課，下課後我會去當模特兒，或者再到許清誥那邊上課，他的時間比較長。這兩個老師的教學重點剛好互補，為我奠定扎實的基礎。如果不是跟他們學，那麼我就不會有今天的舞蹈思維和功力，也別想跟人家講什麼。因為我總覺得跳不夠，所以跟兩個老師學習剛剛好。有時每天跟老師跳還不過癮，回到家就把家裡的神桌搬一邊，騰出空間，自己在那裡猛練。阿嬤看到劈頭就罵：「齊天猴，妳底神明頭前從啥？」

我接受兩位老師的芭蕾舞訓練，約莫七年，直到一九六三年初春，許清誥過世，康嘉福也赴日定居，在舞蹈社學舞的日子因此結束。我對許清誥感念至深，他不善理財，加上生性瀟灑，愛喝酒，肝病過世時境況窘迫，我與同學們四處籌措金錢幫忙辦理身後事。而許清誥的日籍妻子，原本希望將教室頂讓給我，但我自覺經濟條件不夠，就婉拒了。

雖然我用心苦練芭蕾舞，但生性自由、獨立，不喜歡定型的舞蹈風格，或只是純粹強調技巧，所以老覺得芭蕾拘束，甚至矯情，綁得緊緊的硬鞋尤其難受，心靈與表現慾望得不到滿足。當我讀到伊莎多拉．鄧肯（Isadora Duncan）的自傳，對於她光著腳跳舞，擺脫固定技巧的框架，把舞蹈動作還原到人類中心原動力的起點，真是心有戚戚焉！透過觀賞引進的國外現代舞團演出，再加上親友們談論的現代藝術理念及技術，以及從電影中看到不同風格的現代舞蹈，我逐漸明白多元與自由的現代舞，解放了對身體的限制，才真正貼近我對舞蹈的需求與理想。

一九六七年春天，旅美舞蹈家黃忠良夫婦接受蔡瑞月的邀請，在中華舞蹈社開班教授現代舞，與歐美現代舞的理念、技法接軌，在當時是轟動舞蹈界的大事，我和許多同時期

芭蕾舞蹈師承康嘉福及許清誥，1964。

的優秀舞者游好彥、崔蓉蓉、李雅淑、麥美娟等人都報名參加。黃忠良不只教授現代舞技巧，還開了創作課，在台灣算是很新鮮的課程。我在創作班盡情發揮「齊天猴」愛動愛變的本性，鑽出鋒頭的。黃忠良當時鼓勵我：「妳要走創作！」然而，我終究沒有將創作天賦發揮在舞台上，成為專職的舞者或編舞家，而是在藝術教育裡昇華這股創造力。

走上舞蹈教育之路

一九六一年夏天，我開始教舞。嚴格說來，當時我自認尚未「出師」，但任教台北女子師範學校、對中國邊疆舞蹈頗有研究的許家騏，基於愛才，也不避諱我模特兒的身分，積極邀請我到他的舞蹈社兼課，教兒童芭蕾，次年並協助他主持東園分班，持續約半年。

一九六三年夏天，我在永和成立自己的舞蹈教室「東方藝術舞蹈研究社」，正式展開舞蹈教師生涯。這個機緣很有趣。在許清誥過世後，我跟一個跳舞的同學梁惠玲都找不到喜歡的老師繼續學舞，於是她提議：「乾脆我們自己開教室！」我們倆沒有錢，家裡有什麼值錢的就拿出來當，鐘也當，好一點的大衣也當，她當我也當。很幸運在永和找到一處位於二樓的空間，樓下是裁縫店，租金便宜得像個奇蹟。

據說那棟房子樓上鬧鬼，起因是房東夫婦，媳婦對婆婆不孝，婆婆死得不甘願，本來夫婦倆的寢室在樓上，鬼會鬧他們，害他們從床上滾下來，又出現種種怪事，所以他們不敢住，搬到樓下店面的小房間，樓上就空著，我們剛好順著這個機緣便宜租下來，還認真打了地板，也從沒遇到什麼怪事。

後來，梁惠玲一天到晚跑到中山北路她家附近的美軍俱樂部玩，說想嫁給美國人，結果教室成立不到兩年，她真的嫁到美國去了，舞蹈教室的營運便由我承擔下來。

我這個人做事向來都憑一股單純直接的想法，凡事以開放的心態順勢而為，做什麼都不勉強，當模特兒或成立畫室、舞蹈教室都一樣，跟著因緣走。本來我也沒想過要開教室，就因為剛好碰到這些很妙的機緣，於是順勢做了。

不可否認，我本身在舞蹈藝術上的修習是透過自學，缺乏學院系統的脈絡，也沒有一紙「畢業證書」做保證。轉換跑道當舞蹈老師後，剛開始我在基隆的婦女會教芭蕾，當時基隆與台北藝文風氣差距很大，還沒有多少人看過芭雷舞，我在基隆三中校慶時，幫學生們編了一首〈花之圓舞曲〉的芭雷舞作，當時買不起舞衣還用二手的新娘婚紗改製，在當時少見芭蕾的基隆人之間引起了一些轟動，後來婦女節及雙十國慶時，都來邀請我帶學生們演出。

舞蹈家林麗珍少女時期在基隆念中學，我先生李哲洋在基隆三中教書，透過了他，林

上｜雙十國慶應婦女會之邀於圓山飯店表演，
右為林絲緞，左為當時的學生林麗珍，1960。
下｜於永和東方藝術舞蹈研究社教室授課，1963。

有時家中就是舞蹈練習室，1966。

第一次師生表演會學生演出〈群鳥〉，1964。

第一次絲緞師生表演會手冊封面，1964。

麗珍來跟我學了一陣子舞，當時文化學院舞蹈科剛成立，我還跑去她家跟她母親說這位學生很有天分，鼓勵她去考舞蹈科。而林麗珍跟我先生也熟，他常跟她講許多舞蹈的歷史及藝術思潮，後來林麗珍也搬到了永和來。

我在一九六四年十二月以東方藝術舞蹈研究社的名義舉辦了第一次的「絲緞師生舞蹈表演會」，用實際的

1964年12月，在攝影展的一個半月前，舉辦「絲綴師生舞蹈表演會」發表現代舞作品，並特別邀請男舞者劉雲峰共演雙人舞〈我的世界〉（左）、〈孤人綺夢〉（上）。1964，李錦松、高立人攝。

教學、編舞，透過公開演出證明自己。除了青少年的舞蹈學生外，還找了一起跟許清誥學舞的學妹伍曼麗，和藝工隊的男舞者劉雲峰一同演出，在中山堂演出現場得到很好的反應，之後來教室上課的學生更多了，只是外界對我的舞蹈質疑聲音卻未曾停歇。

用獨舞發表會來證明

一九七五年五月，我在台北中山堂，舉辦個人的現代舞獨舞發表會，距離我從模特兒工作退休已有十年。在這十年間，我全力投入舞蹈的教學與創作，但大家還是很容易忽略我的舞蹈能力與創意，甚至遇過參與舞蹈演出，被要求隱姓埋名。舞蹈界常常懷疑到底林絲緞會不會跳舞，連我已經在當舞蹈老師了，都還在說「她會教嗎？」、「她會跳舞嗎？」，我實在是被逼到、被激到。當然，最主要是十年過去了，自己覺得應該要表現我對舞蹈的思維了，如果這時不去做一個突破性的探討，不把創作能量和內在情感想辦法去昇華、去證明，好像只有死路一條。反正，我這個人也不跟你爭，我就實際表現給你看！

一整場的個人現代舞獨舞會，是自己跟自己鬥志，很有挑戰性，在台灣是首開先例。演出之前，我對外發表一份聲明，解釋了為什麼選擇這個形式來自我證明：

「自五十三年退休到今天，我已經十年沒有在公眾場所活動過，也許有很多人會問我，我這幾年到哪裡去了，又做了些什麼事。其實，十年來我哪裡也沒有去，我深居簡出，為的是要實現我的理想，達到我創作現代舞的目標。

五十三年那年是我生命的轉捩點，當年的十二月，我除了舉行作為在此間有史以來的第一場現代舞蹈公演外，並緊接著舉辦一次別開生面的攝影聯展，同時發行自述《我的模特兒生涯》一書，敘述多年來充任模特兒的經驗觀感。但是由於攝影聯展的轟動及書的暢銷，使大家忽略了我的現代舞公演的創意，兩項別開生面的活動掩飾了我真正的興趣所在。人們忽略了我的長處，甚至有些輿論竟惡意中傷我的創作現代舞是脫衣舞或是裸體舞。我默默的承受這個打擊，因為，我不敢說我的九年模特兒生涯對藝術界是一項貢獻，但是我選擇了這項職業並不是沒有考慮到後果。我所以這樣做，完全是對藝術的愛好。當藝術意念昇華到某種程度時，我覺得我的工作是神聖不可侵犯的，並非人們想像的色情意念，我宣布退休是為了我想要組織家庭，我並不後悔我過去所選擇的職業，退休後我全心全力的研究我以前便十分熱衷的舞蹈，因為舞蹈才是我真正想要的藝術。從四十六年跟許清誥習舞起，我的生命就不斷的在跳躍，我珍惜我的舞蹈甚於珍惜我的生命，我常想若有一天我能跳死在舞台上，那也是我所心甘情願的。為了要證明我的舞蹈創意，也為了要改變人們對我的錯誤觀感，才有今天獨舞會的發表。或許有人會問我，為什麼以獨舞作發表會？

在此間獨舞會可說一項創舉，因為群舞的特點是人多，就是不動的時候也可增加舞台景觀，而獨舞則觀眾的眼光全集在一個人的焦點，若不能把握舞台的控制及布景的掌握，就難收到預定的效果；同時，一個人的體力有限，自始至終由一個人負擔全部的演出，是一項巨大的體力消耗。我所以獨舞是因為我的學生舞蹈體能不齊，使我苦於無法發揮我的創意。因為舞蹈是一種靈性的東西，我能傳授技巧卻難以傳授靈性，靈性是需要靠個人的智慧去捉摸，一個沒有靈性的舞蹈，就是技巧再好也難使觀眾感動。同時，我感覺自己的創意由自己去表現比藉別人去表現更迫真和親切，所以我決定了此次的獨舞會。在這項決定之前，有一件事，我必須說明，前面我已提過，獨舞會重在布景及舞台的控制，我所以敢如此大膽的做決定，最重要的是楊英風先生答應為我設計布景。楊先生雕塑及景觀設計名聞中外，他的雕塑給人一種向上的無窮的感覺。在楊先生的太魯閣景觀設計裡，使我捕捉到本次獨舞會的〈變〉之創意靈感，〈變〉是以巴哈的曲為輔的舞蹈，有人說：『巴哈的作品雄渾偉大，妳如何以個人的力量去壓制他那雄壯的音響？』這只要看了我的舞蹈便知道，我不去壓制音樂，而是音樂和我融合為一。

在我演出節目的歇間，一些青年朋友為不使觀眾心裡產生冷場，他們為我作曲及穿插的詩歌朗誦，這不但是青年朋友們的真正心聲，也是一項新的創作，這些也就是我前面所說的藝術融合。

這場由我自導自演的獨舞會即將分別在五月間的文藝節和舞蹈節在台北中山堂，

以及母親節的前夕在台中中興堂公演，希望讀者屆時給予我鼓勵。」

（節錄自〈林絲緞舞展——林絲緞獨舞自白〉，一九七五年三月三十日）

▍

獨舞發表會的構想，其實在我心裡盤旋了大概三年，尤其是針對整個演出的結構性。等到我想清楚了、開始要籌劃時，便向楊英風請益，並邀請他設計舞台布景。我跟他說：「我的舞蹈是跟天地宇宙結合在一起的。」我們到野柳去，就在那邊跳舞，把我想要的意象、情境、思維清楚表達出來。楊英風提議用一塊巨大的布鑄成舞台景觀，他在《儷人雜誌》（一九七五年五月號）中所寫〈我為林絲緞的舞台雕塑〉一文中，解釋了他的設計考量：

「……看了幾次她的排練，發現她的動作很有力，很凝重，很適合於我的雕塑（寬的線條搭配。但是我不能把雕塑就那麼活生生的搬上舞台啊！）雖然她一再強調可以這麼做，觀眾可以一面欣賞雕塑，但是我覺得那不成了雕塑展了嗎？而且在獨舞的情況下，雕塑會很容易被強調，觀眾要看的是她的舞，而不是我的雕塑，所以我只能把我的雕塑變成她的舞姿的襯景，增加她舞姿的美感，屬於賓位。

經過了幾番思考，我才決定用布幕拉成具有「點、線、面、體」的襯景。

……

用布料拉的效果，很有力，但是並非所有的都拉成硬質的線條，有的地方，我想就讓它自然（飄垂下來，也會很好看）配合舞者的動作，或者多幾個人在幕後用手拉撐，變化拉撐的動作，只看到布幕的動，看不見人的動。那麼布幕就變成促使舞台面更為活潑的重要陳置了。……」

製作這片布幕時，因為實在太大，沒辦法在屋子裡車縫，只好等到三更半夜，外面路上沒有人、車了，再把裁縫機搬到馬路上去車縫。演出時由戴洪軒找了音樂系的學生躲在布幕後面，共二十幾個人配合著舞蹈去操作布幕變化，加上燈光設計，為舞台創造出各種意象。

楊英風的義務支持，加深我的信心與衝勁，友人戴洪軒也幫忙在每一場的換幕之間做音樂設計，從他的現代詩出發，創作聲響與音樂，將個別獨舞串連成整體。其他各領域的製作群陸續到位，組成堅強幕後陣容：楊英風（舞台設計），李訓明（燈光），戴洪軒（幕間音樂設計及現代詩），陳冠年、鍾志洋（攝影及幕間節目製作）以及李麗嬌（衣飾設計），而陳文棋也編輯了由鍾志洋攝影的《林絲緞舞集》畫刊同步發行。

發表的五支舞碼全由我自己編舞、演出：〈變〉、〈兩面夏娃〉、〈月光〉、〈囚徒〉、〈作品〉。

獨舞展時林絲緞與楊英風（右）於舞台前溝通，1975。

在我的構想裡，整場表演不只是舞蹈，而是跨領域的藝術融合，強調的是視覺美術，每一個舞台元素都很重要。我不想用舞來說故事，而是要表達我的感情，並讓觀眾感受到一種詩般的動態雕塑之美，一種生命的躍動。

在煮飯、帶小孩、教舞的忙碌日常中，我擠出時間，從演出前一年多就展開創作與排練，先有舞，才有音樂。原本打算用一些台灣作曲家們的曲子，後來因為幾年來幾乎天天在家聽的都是西洋古典音樂，在長期薰陶與醞釀下，我放棄刻意朝東方靠攏，而是選擇了最能自然交融自己藝術表現與生活的古典音樂，用了巴哈、德布西、穆索斯基等人的樂曲。戴洪軒形容我用的音樂「實在很可怕，都是一個大」，但好像只有這麼強的音樂，才能配合我心裡那種激動、爆發的能量。

對我的種種大膽之舉，朋友們雖然力挺，

楊英風為獨舞展設計的大型布幕背景，1975。

上｜ 於野柳舞蹈，《林絲緞舞集》畫刊，1975，鍾志洋攝。
下｜ 獨舞作品〈囚徒〉，1975，鍾志洋攝。

但難掩擔心：「妳的體力夠嗎？」、「一個人跳，舞會不會被音樂吃掉？」、「這曲子國外的某某某跳過了，不怕被比下去嗎？」我總是笑一笑，要他們對我有信心，我知道自己在做什麼。

演出前的兩個月，為了專心練舞，我躲到畫家林崇漢高雄旗山的家，借用學校的大禮堂，提著簡單的手提音響，拿著手電筒，每天埋頭練舞，練到過癮。我的舞蹈是我直覺的需要而自然發展出來的動作，看的人憑直覺來感受。在拋開一切束縛的基點，我相信舞者與觀舞者的精神很快就能溝通，林崇漢看了我的彩排後便感受到了。

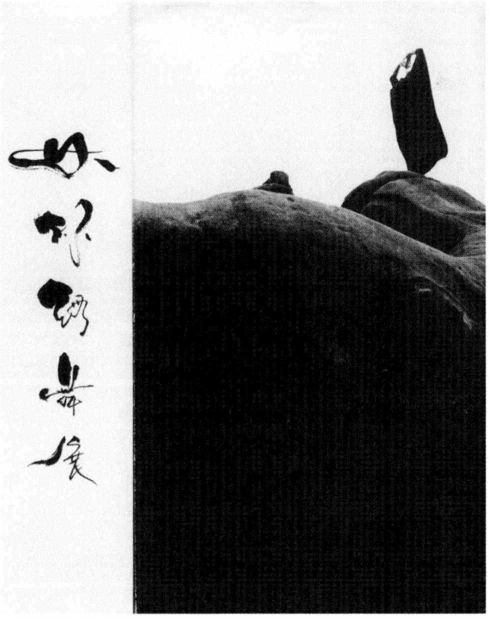

獨舞發表會「林絲緞舞展」節目冊封面，
鍾志洋封面攝影，1975。

文獻紀實

林絲緞之舞

文—林崇漢

林絲緞這次現代舞發表的意念和計畫，在她買菜、煮飯、教舞的日子裡已經醞釀了好久好久。她的生活如此的繁忙緊張，能夠將抱負、希望付諸實行，實在是一件很不簡單的事情。

包括她先生在內，她把這次計畫發表的現代舞初稿雛形示諸第二者的首次目睹者是我的愛妻李麗嬌。內人看過後把她那激動似的感動傳達給我的時候，我已覺得意外。然後在一個安排的下午裡，觀眾只有愛妻和我，穿梭在音樂巨厦底下的舞者林絲緞，很意外的沒有讓我覺得多餘，沒有讓我覺得渺小。林絲緞竟然和這些偉大的音樂並駕齊騰了。林絲緞在她的理想裡做了一次大冒險，很意外她沒有粉身碎骨，這一個不辯的事實卻粉碎了我向來對巴哈、德布西等這些作曲家的作品所抱持的一個觀念：一部作品是成功而完美的話，絕不容第三者的介入或增減。

很顯然，林絲緞無畏於這些音樂的偉大，而今天的事實也告訴了我們，她沒有被偉大的音樂所壓垮。雖然，林絲緞一再的強調，她是先有舞蹈再有音樂，也就是說她在強調，她並不是在為這些音樂作詮釋。而且，儘管我總因為這些音樂的偉大構成之在前，她的舞成之在後而覺得她這種說法的不合理。最後，經於眼睛告訴我，她在那些音樂的籠罩下是一位不折不扣的巨人。

而且今天林絲緞令我感動的地方完全在此。一首音樂由於它本身結構的完整，由於它之為大眾所周知，它必定是有牢不可破的完整性。人們在聆賞它的時候，由於它的作曲者已經為聽者鋪下了所有能夠走的路線，聽者的脈博跳動緊隨著這些時而上時而下、時而鬆弛時而緊張的路，不但無暇它求，照理講，第三者的插入應該無條件成了多餘而絆腳的障礙才對——也正因為如此，我才說她作一次大冒險——結果，不可思議的，她的舞竟然有這等魔力，令我在這些音樂誘惑和引導底下絲毫不來排斥她的舞蹈，我竟渾然不覺音樂和舞，何者為附屬者？也許如同當我後來告訴她先生這感動的時候，他告訴我：「你太靠近她了。」是如此嗎？

她的長處顯然是她對於舞蹈本身那觸覺般的感性以及她對於舞蹈本身的嚴肅態度，乃是她才氣橫溢之所在。她靈敏的感性使她的舞的空間條件（舞者的身體動作）以及時間條件（舞姿的變化和音樂的進行）密合無間，這種才能種因於先天，潛伏於全身，一舉一動無不散發著她這種潛在藝術能量，只要加以琢磨，她將是越磨越亮的。

節錄自《全音音樂文摘》，一九七五年五月

正式演出結束後，許多朋友過來向我道賀，劉鳳學、林懷民很感性的跑到後台，跟我擁抱、握手，林懷民還送我花並寫了卡片給我，很令我感動。許常惠對我說：「林絲緞，妳嚇死人了！」可惜當時沒錢錄影，沒有保留完整演出影像，只留下當時的節目單與報章雜誌刊登的圖文資料。

在演出前一個月，因蔣介石過世，全國進入國喪期，所有娛樂活動停止宣傳，受到影響，這場台灣首次的跨界現代獨舞發表會，也被淹沒了聲量，因而取消了原定的台中場演出。兩場演出的售票情況大約八成，演出後，在一般大眾之間，沒有引起特別的迴響，報上的評論大致是說我的舞作比較現代與抽象，有人會看不懂，但藝術圈給我的回應都很不錯。

雖然覺得因演出時機不巧有點可惜，但我做這件事，本來就沒有期待或預設帶來什麼影響。我腦中想的只是我做到了，我終於完成了這件事。

《林絲緞舞集》畫刊封面題字及內頁照片，此攝影畫刊於獨舞會演出時同步出版，1975年5月，鍾志洋攝影，陳文棋題字、編輯。

文獻紀實

林絲緞獨舞的音樂設計

文—戴洪軒

她對我提起這件事的時候，原想是要為我的一首鋼琴獨奏曲〈前奏與賦格〉編舞的；她原想是為一些中國作曲家們的曲子練舞。

後來，這個想法自然的打消了，因為這兩、三年來，她幾乎每天都在家裡欣賞著許多西洋音樂，這些曲子，慢慢的在她身上生根，當發起芽來的時候，便是一支一支舞蹈的概念；藝術的表現，總是慢慢形成的。

她對我說：「中國舞者跳一些西洋的曲子，不會不大對勁嗎？」我說：「妳自己明白，對不對勁跟這回事並沒有關係；我們這些中國人的曲子，也不可靠，妳自能必然的令妳的舞蹈對勁；對不對勁得已，還得靠整個的組合。」

我想，有一些理想，一些主義，以及一些口號是必要的，不過，藝術，尤其是舞蹈這種東西，到底是由心而生的，這是無法否認的事實。

所以，我沒有再對她說些什麼。

既然不要用我們的音樂，我與林絲緞合作的事，也就作罷了。這段日子是她忙她的，我忙我的，偶然見面，就是吃個沙茶火鍋，聊些天南地北的事，然後，便作「鳥獸散」。

最近她又來找我，說她以前的意念全都成形了。她現在每天練舞，並且請到楊英風這些人幫助她；她的願望立刻可以實現了。

我便高興著問她整個的事情，當她說明白之後，我便又替她擔心。各項工作的人選以及金錢事務上，是沒有問題了，只是有三件事情，我認為非常「危險」。

其一是：這場舞蹈發表會，是完完全全，名符其實的林絲緞舞蹈發表會；全都是她一個人獨舞。票房是一個問題，場面是一個問題，再下來，我問她：「妳的體力吃得消嗎？」她笑笑，回我道：「你看好啦！一切你看好啦！」我又沒有話說了。

其二是：她用的曲子，都是以往西洋舞蹈大師們跳過的曲子：這實在是一場極吃力、極不討好、極為大膽的「挑戰」。比如在鋼琴演奏上，最有名，最通俗，最常聽到的曲子，不是境界極高的大師，是不敢演奏的，為的是怕被別人比下去。我對林絲緞說：「在摩娜希娜、瑪歌芳婷、李蒙……這些人面前妳還能『班門弄斧』，不是瘋子就是真的高手；我真佩服妳的勇氣。」她冷冷的說：「不只是勇氣，還有信心。」我心想，但願如此就好。

其三是：這些曲子都是非常強烈、非常完整的音樂，像巴哈的〈展技曲與賦格〉、莫索爾斯基的〈展覽會之畫〉等等；像電影配樂一樣，這種結構嚴密的音樂大作，有時，不，經常是會把映畫「吃」掉的。我對她說：「妳不怕別人只聽見音樂而看不見妳的舞蹈嗎？」她顯然有點氣憤，說：「老戴呀！你怎麼對我一點信心都沒有？」好吧；信心就信心吧；這種事情站在旁邊看看總也是「安全」的。

只是，接著事情來了；她要我把她的節目與節目之間隔場的地方「補」起來，她說：「用你的演奏，用你的音樂作品，用你的戲劇……，反正不管你用什麼，拜託你把它完全『補』起來，把這些節目連貫成一串有意義的東西；拜託，謝謝。」就是這樣，我成了她這場舞蹈發表會的音樂設計。

在她所有節目的三個間隔之中，我用了以往在《現代文學》上發表過的三首詩，並配上音樂和音響效果。在美國作曲家巴伯的鄉愁音樂之前，用了一首〈我名叫詹姆斯．龐德〉：十年前，我寫這首詩的時候，骨子裡是鄉愁的，我所以用它來引出巴伯鄉愁的音樂，原因在此。本來傳頌準備用京戲的方式，後來覺得這種做法太過於造作，同時不夠親切，便改用自省式：自語的方式。音樂是飄蕩著的、木管的聲音，音響則是非常低而長，像是什麼「控制著我們的命運」。

其次，在德步西的〈月光〉之前。我用了一首〈月〉：我認為這首〈月〉跟德步西的〈月光〉很配；都是一種大自然裡如夢的景象，而人在其中，感悟到一份心安、平和、孤獨而不寂寞……。這是一種無言的境界。當然，這樣的心懷並不止來源於月，也不止於是大自然；童年的真純，家人的照顧，真正的暸解，這等等都可能是原因，而，這種東西不可能長存於我們身上的；在我們這樣的環境裡生活著，如若想重新回到那裡，必須要有一些掙扎，一些領悟。甚至於可以這樣說：我們在藝術上不是時常希望著一些人世上不可能有的東西嗎？

在〈月〉的音樂裡，在「我看著月：搖著搖籃」這段落中，我用了德步西〈月光〉上的動機，因為在意象上，的確是太相配了。在「總是突然地，我看見月色棲息在樹梢上」，我用一段長笛與豎琴合奏的快速樂句，以示這種「頓悟」，諸如此類。最後，和著鼓聲讀出那句「不是那個女人」時，這「人世的聲音」便湧進來，呼喊聲、汽車喇叭聲、洗盤子的聲音等等，從弱到最強大，像壓碎一朵花那樣，把「詩」的一切全部消滅了，之後，便是一段長時間的靜默，青光慢慢地打在林絲緞的身上，不動，接著，便響出德步西的〈月光〉，於是慢慢起舞。

第三首是〈劍士〉。不過，製作的過程大概是如此了。而，詩，這類文學的東西，說明的成分大於感受；我們盡力要使這場發表會不要止於說明，於是，舞台、燈光、音響等等，當然還有舞蹈，便努力著朝這個方向邁進了。

對於我，這是一種新的嘗試；這次發表會，希望楊英風跟林絲緞他們，能夠負比我大的責任，做比我多的事情。

引自《儷人雜誌》，一九七五年五月號

舞蹈是深層的、內心的、有機的，是生命的一種放大呈現。
紀錄片《獨舞者的樂章》劇照，2021，李立劭攝。

舞蹈的原動

Part

Two

04

Chapter

舞蹈是每天的一種人文學

舞蹈不是只有舞台上的表演而已，
也不是只有科班出身的人才跳舞。

生命場景

1963 年迄今｜從事舞蹈教育工作，每日仍保持自我身體鍛鍊。

早期我還在摸索著如何從古典芭蕾的體能和技巧，蛻化為自己的肢體表現形式時，我一個美國學生于海倫向我示範了幾個瑪莎．葛蘭姆（Martha Graham）現代舞訓練的基本動作，她說學校裡有位黑人老師的現代舞教得很好，於是我與高采烈跟著海倫去請益，在他面前跳了一段舞，他淡淡回應道：「做一個動作，從肢體出發是很容易的，難的是如何從心靈通過肢體出發。」我當下愣住，一個苦尋不著的開關就這樣被打開了。

統合動作和內在

從此以後，我一直在靈性的表達上著力，深深體會到舞蹈就是生命。當舞蹈躍上舞台，便是生命的一種濃縮，一種放大呈現，在時間與空間交疊之下，展現一個線條、一個速度的演變；如果太過雕琢，沒有從生活去淬鍊，很容易就會流於形式，就算技巧再熟練也很難感動人。我一直難以忘懷早年在中山堂觀看美國艾文艾利舞團（Alvin Ailey American Dance Theater）的激動心情，他的〈啟示錄〉（Revelations）從黑人的生活去表達，情感與力量至深，讓我震撼到晚上都睡不著覺。

任何技巧、動作，都比不上內在的力量重要。做一名舞者，不是裡面空空的在秀，也不是跟著做動作，一定要有一種力量。所謂力量，就是一個很深的人文內涵，描述生命的演化，內在和動作是統合的、一體的。一個舞者如果很厲害，修養到某一個程度，單單站在那裡就會吸引你。

好比日本舞踏，看起來好像沒什麼技巧，但舞者從內在湧動的力量卻會緊緊扣住你的心弦。再拿碧娜．鮑許（Pina Bausch）的烏帕塔舞蹈劇場（Tanztheater Wuppertal）來講，鮑許她本身是練芭蕾的人，團員的技巧也都相當好，但是表演出來的東西，根本看不見那些技巧！她的舞在瞬間順著身體的肌理演變，舞蹈有一種脈動，隨動作擴散而出，把觀眾吸到這脈動裡一起起伏，而不是「我在表演你在看」，也不是在比劃形式或者賣弄，這用「編」的是沒有辦法做到的。

在我眼裡，跳舞，事實上只是一個通稱，我跳一支舞，我編一支舞，我去跳舞……；但是跳舞的「前奏」，應該是先從一個感覺、律動出發，慢慢再去發展，是一種詩意，好像在詩裡散步，不是用理論或故事去套。

人稱「現代舞之母」的伊莎朵拉．鄧肯在自傳中寫下：「……我想我是追求一種動作的泉源，一切原動力的起源，各種動作的集中之所，就是產生舞蹈的反映。……追求一種心靈的泉源，灌注在身體各部，使它充滿活躍的精神，此種中心原動力，就是心靈的反映。」鄧肯對原創性與內省的高度要求，以及那些曾引起我共鳴的觀舞經驗，給了我很大的啟示。無論是創作展演或是做教育，舞蹈都要貼近生活；掌握了形式與技巧，更要超越它們，從本質上的探討出發，自然的醞釀與表現。我自己在舞蹈上，一輩子都是這樣一個路線在走。

律動與節奏藏於日常

為什怎麼要強調「本質」？因為大家可能會忘記舞蹈不是只有舞台上的表演而已，也不是只有科班出身的人才跳舞。舞蹈有很多角度，你在哪一個角度，這個角度是針對什麼，都要分別釐清本質。針對的是表演慾？教育？或者是身體表現的藝術……這些面向有相互關係在，但必須區分清楚。要走到舞台是很簡單的，也比較個人化；如果要走到教育，或是治療，那就不簡單了，必須人與人實際碰觸，真實的、誠懇的，不能自以為是，才有辦法做好。

林絲緞主張舞蹈要由人的本質出發，貼近生活，紀錄片《獨舞者的樂章》劇照，2021，李立劭攝。

舞蹈並非殿堂藝術，重要的是清楚為什麼我要跳舞。或許是個性的關係，我很難滿足於成就自己就好，總覺得人有能力就該為社會做一點事。我會想著：「這樣做對自己、對群眾、對社會的意義與目的何在？」

就像過去當模特兒時不肯安分地把自己當靜物，甚至站出來想要導正社會偏見，很自然的，朝創作表演發展的想法無法完全說服自己。於是，在獨舞發表會之後，我一方面繼續自己對身體的研究與開發，另一方面把關注焦點轉放到教育的思考與實踐上，實際與人碰觸、互動，關懷學生的身體語言表達，以及動作刺激所帶來的療癒與突破。這條更為開闊與平民的舞蹈路線，更符合我的天性，也使得我的身體、思考、情感都與教育緊密結合，

穿著1975年獨舞展的舞衣演繹，紀錄片《獨舞者的樂章》劇照，2021，李立劭攝。

從貼近生活與自然的角度去檢視舞蹈的功能，逐漸發展出自己一套身體教育觀及運作要領。

我常思考從一個人的動作跟動力的關係所產生的生命現象。比如，我們有動有呼吸，才知道什麼是活著。我們二十四小時都不斷在蠕動，睡覺、翻身，或者找一個比較適合的角度去放鬆。當然蠕動的姿勢都不一樣，譬如說睡覺時你不知道自己在動，寫作你覺得是靜態的，事實上大腦沉浸在文字裡，身體無形中都在動，只是你不知道而已。身體在一種勞碌的操作狀態，無形中會把手抬一下、把胸擴展一下、呼吸一下，這些都是身體的訊號，在醫學上就是大腦對種種問題做出反射。你的身體所反映的其實就是一種腦力的協調。

所以要講到舞蹈是最後了，有些人就是很僵硬不會動作，別人可能從一個角度轉換過來很簡單，他卻很吃力。律動、節奏不只是在舞蹈才有，日常生活的動作也有。譬如說，走路的步調，事實上是身體在帶動腳，而不是腳先出去，這裡面有一個節奏在轉換、調整，有強有弱在變化，步伐才會輕鬆協調。

當我們站直，身體左右側轉換幅度，這個幅度就是一種旋律；身體運作時線條的變化，曲線啦、直線啦，也都有旋律與節奏在，都是很生活化的。

談到舞蹈，就是每天的一種人文學，可以說用屬於你自己的文化去舞動、去伸展、去感受，是很自然的材料。

合乎人體力學的身體意識

很多身體力學的用法，要親自去實驗，才可以更科學。我自己就是在身體的能力方面一直在做實驗、一直在玩，發現了很多新的東西出來。一個看似很普通的動作，如果細膩地去體會，去順著身體力學運作，自然而然會長出舞蹈來。

你可以自己試試看，做一個站著將雙臂左右打開平行舉起的動作。首先，身體站直，把脖子跟尾椎對好，然後把第五腰椎提起，再平舉雙手。這時肩胛骨不能鼓起來，胸肌放鬆，手臂向左右兩側拉開，好像兩邊各有一個力量在拉，力度都是在裡面運作。拉的時候脖子一定要垂直，這時整個身體張力會很大，動作看起來是靜止的，其實內部的力量一直在運作，在延伸，維持越久越要靠意志力。

這個運作不是靠肩膀提上去，要用兩條背肌慢慢推上去，用裡面的力量推，這樣做會使手部的操作能力跟腳一樣厲害，不是只有腳在走，手也會走！在跑或移動的時候，抓住這個要領，速度會很厲害。

如果再繼續發展，手掌朝前、後、上、下慢慢翻轉，就產生三度空間的變化。當肌肉不僵硬，一直從大背肌推上去，越推人就好像浮起來，好像踩在雲朵上而不是踩在地面。宛如展開雙翅的飛鳥，可以流暢迅速的移動、變換。

我一直很注意我的身體。所謂的注意不是說變胖或變瘦，指的是身體的健康度跟能力。我注意的不是能不能做高難度的動作，而是反射能力、速度能力、怎麼呼吸，是完全嵌合在日常生活裡的。天生的敏感度加上長期的薰陶，讓我對身體很有感覺，譬如說進到某一個地方，像是捷運，下班時間人很多，我進去的時候會轉換到一個能站得穩的空間，還要給人方便的空間，有人要過的時候順勢給出一個能通過的空間，不像有些人「柴柴」（台語）。

在一個大家集會的環境，我有時會用身體去講話。譬如有些人演講很無聊，我就伸個懶腰或怎樣的表現給他看，「閃」（台語）個姿勢，對方就知道了。我用身體去告訴他，因為用講的可能會得罪人。

所以身體的功能是很多樣的。一些生活中稀鬆平常的現象，一般人都不會去注意，但我就會很好奇地去觀察、研究。我想探討的是一種合乎人體力學、講究效能的身體意識，這種身體意識不僅對個人的健康有益，甚至可以擴及人際、社會性的互動層面。從這種基礎且具開放性的人本思考出發，舞蹈與生活、專業與通識之間，其實是互通的。

體悟「律動圖形語彙」

從前當模特兒時，我對空間、對環境的感受，就特別有一種直覺式的敏銳，能以身體互為表現，這跟小時候的生活環境與大自然十分親近脫離不了關係，甚至現在，我也常常到北投住家附近的公園練舞。在自然的環繞下，發展出了「律動圖形語彙」的概念，並且應用在教學上。這個自創的用語，重點在於人與環境的架構、對應關係，強調舞蹈的律動性與美術的視覺性相互結合，好像身體與空間不停的在相互作畫。

簡單來說，人是舞蹈運作的主體，呼吸、脈動則是一切動作的源頭。「律動圖形語彙」是根據人在環境中映入眼簾的景觀來運作，隨著視線的移動，如同藝術家創作裝置藝術一樣，時時觀照周遭景物形態、色彩、質地的特性與變化，並呼應架構。

「律動圖形語彙」的運作過程，很像一個身體與環境的實驗，儘可能不耽溺於主觀情緒的抒發或敘事性的表達，而是以理性的觀照，安靜平和的感受視界中的景物，經驗過程當中每一幅畫面、每一個圖形的變化。

在舞蹈的世界中，對於「關係」的探討本來就是一項重要課題，然而多數重點仍放在「人際」的探討，而非人與環境，特別是現代社會去人性化與物質化的影響，使得人類越來越遠離自然，忘卻人之所以為人的自然本質。

於北投住家旁的公園實驗身體是日常的一部分，2020，李立劭攝。

「律動圖形語彙」的概念，主張回歸自然，並與自然互動，不做濫情的無病呻吟，也不故弄玄虛，有的只是在環境中所開發出來的身體感受與動作語彙。

雖然我不上舞台表演，但是對身體的研究與開發從來沒有停止過。我是自己訓練自己，而且都是用自己的東西來訓練，而不是抄以前老師的，但是老師教的有一些好的東西我也會利用。只不過，我不是在比一個動作，譬如說芭蕾的 Arabesque 一定要這樣、Attitude 一定要那樣……不是的，我是站在舞蹈的美學來探討。

以即興來講，音樂一放下去，音樂在走的同時，人慢慢會產生一種意象，好像在詩歌裡、在意念裡面散步，從意象就會緩緩產生很多動作出來。這個時候，同時一直在審核美學、意境、周遭環境等種種關係，從這邊又出現動作，所有的就這樣一直互相推動，而不是一定要把一個動作固定在某種角度。一個人的能力到哪裡，整個身體的種種變化就跟著顯現出來了。

05

Chapter

啟發式舞蹈教學的開端

遊戲，跟我們從事創作一樣，都會有一個架構，啟發式教學就是從這種角度發展。

生命場景

1973｜長子五歲，長女三歲，成立「林絲緞舞蹈工作室」，開始從事啟發式舞蹈教學研究。

1976｜應邀進行「創造性律動」兒童啟發式舞蹈教學實驗，於永和佳美幼稚園。

1960年代，當時政府規定立案的舞蹈社，都必須參加民族舞蹈比賽。

我跟許清誥、康嘉福學芭蕾舞，之後自立門戶開教室，教的也是芭蕾。一九六〇年代，台灣舞蹈社流行的是民族舞和芭蕾舞。因為執政當局推行所謂的「中華文化復興運動」，於是大陸各省的民族舞蹈便成為教育、文化所倡導的內容，但是由於真正能延續當地民族傳統舞蹈的師資很少，教學者多半自由心證，僅憑印象就自行編創，所以一般呈現的民族舞、中國古典舞、邊疆舞甚至台灣的「山地舞」，往往都是些扭扭捏捏的樣板風格。

那時，政府規定民間立案的舞蹈社，一定要參加每年舉辦的全國民族舞蹈比賽，否則便撤銷登記勒令停業，我不得不參加比賽，但其實我只教芭蕾，沒有教民族舞蹈。什麼叫做「民族舞蹈」？我很有疑問。我又沒有去過新疆或某個民族的哪個地方，沒有那種感情，怎麼去編這個東西！後來我童年看野台戲、歌仔戲的記憶跑了出來，就憑這些記憶來編舞參加比賽，從台北編到基隆，第一名也拿，最後一名也拿。

學生給老師上了一課

不過，對於已經格式化的芭蕾，雖然我研習多年，卻仍然覺得不自由，而且不是人人的身體都適合練。但是，芭蕾舞歷史長遠，所發展出來的唯美、嚴謹、結構性的訓練法，適合用來打基礎。舞蹈藝術雖然不是賣弄技巧，可是藝術必須仰賴技巧相輔而成，因此還是要重視技巧的研練，也必須嚴格教學。

芭蕾就是你要做到那個正確的點，每天都要練一樣的，我教也會教得厭，教得沒有靈魂，偏偏我最討厭這一類重複的、格式化的東西，很刻板。看著學生們一方面接受芭蕾的訓練，作為以後表演或創作的基礎，一方面跳著我編創的現代舞，一切都在努力照著老師教的照本宣科，對於這樣的舞蹈教學，我有著無法參透的不滿足與矛盾。舞蹈技巧與體能的訓練，是為了滿足學生對舞蹈的興趣嗎？表演的詮釋，只是為了再現編舞者／老師的想法嗎？舞蹈教育的目標究竟在哪裡？

有一天我感冒發燒，人很累，學生偏又一班接一班，教半天也教不會，沒辦法達到我的要求，我就說：「好吧！你們自己想怎麼跳就跳！」我放音樂，那些小學生就「嘩～」嘻嘻哈哈，你逗我我逗你，互相追逐，還會互相商量，「你應該高一點、你要低一點」、「你過去一點、你過來一點」、「現在你休息一下，我們幾個先，慢慢你再從哪裡進來」……

又是蝴蝶又是什麼動物的，慢慢就有了個架構。那些動作我也沒教過他們，卻是那麼流利、那麼可愛！每個孩子都笑哈哈，臉上帶著興奮地跳舞，我當場驚訝得不得了，覺得這就是人最需要的東西呀！

他們好像遊戲一樣，在看似玩鬧的舞蹈中，他們正在做的是怎麼去分享、互相怎麼去對應、怎麼去了解對方，有時禮讓一下或忍耐一下，我們做人不就是這樣子嗎？那一晚我睡不著覺，一直在想我所看到的，在想孩子的舞蹈教育，到底要給他們什麼樣的東西？

後來，我有意識的調整教學方向，開始了日後「兒童啟發式舞蹈教育」的一連串實驗。啟發式教學開始的時候要怎麼做？它需要有一個起頭，一個架構。譬如說「跳格子」遊戲，本身就有一個架構，要玩的話，格子要先畫出來，一格一格的，然後一腳跳、兩腳跳、交叉跳……先跳贏的，就會在格子裡畫一個房子，或者做一個記號，其他人不能踩到，跳的時候要避開，如果踩到房子，就死掉。這個就是架構！一個遊戲，跟我們從事創作一樣，都會有一個架構，也就是一個遊戲規則，啟發式教學就是從這種角度發展。可以看到學生的表現一開始是從無變到有，再變到有結構性。

「教育舞蹈」不只教舞蹈

一九七三年，我把原來的「東方藝術舞蹈研究社」改名為「林絲緞舞蹈工作室」，正

於永和東方藝術舞蹈研究社的教學，
初期以芭蕾為主，1963。

式成立「兒童創作班」，開始進行啟發式舞蹈教學實驗。當時國內找不到啟發式藝術教育的資料，我的先生李哲洋，便協助翻譯出版日本舞蹈教育家邦正美的《教育舞蹈原論》，我也從中獲得不少啟示。

李哲洋很早就投入台灣原住民音樂採集和調查，他與大陸書店合作創辦了《全音音樂文摘》，擔任總編輯，這是一九七〇到八〇年代台灣唯一一本談論音樂藝術理念與教育的專業雜誌，當時他也會寫文章介紹一些國內外的現代舞發展。

有趣的是，他之前也費心翻譯蘆原英了寫的《舞劇與古典舞蹈》一書，加上邦正美的《教育舞蹈原論》，其實都是戀愛時為了討好我所做的浪漫舉動，也的確幫助我很大。但由於通路、大環境的考量，兩本書都在譯作完成後的十年才出版。《舞劇與古典舞蹈》很快成為舞蹈科系的指定教科書，《教育舞蹈原論》則因當時台灣的舞蹈學院教育及社會對舞蹈的價值取向，未獲廣泛重視，卻影響了我的教育理念，讓我更有自信脫離舞蹈教學有樣學樣的傳統窠臼，轉移到啟發創造力與全人教育取向的「教育舞蹈」。

邦正美為日本著名的舞蹈教育家，一九三七年留學德國研究現代舞與教育。她提倡舞蹈在一般學校教育的重要性，在《教育舞蹈原論》一書中，從文化、歷史的發展與美學、教育、社會學的角度出發，對於舞蹈的本質、價值、功能與回歸全人教育的觀點，做出精闢的闡釋。她分析舞蹈的本質與功能，以創作、要素（基礎性）的練習、理論及鑑賞作為教育舞蹈的課程結構，並根據自然運動的法則，將要素的練習區分為舞蹈身體培育法、即興法、動作的描述（sketch）、節奏（韻律、律動）、空間架構、形式論等六大項目，兼顧藝術性與教育性，避免造成基礎教育與專業教育的隔閡。

看了邦正美的論述，也引發我對當時國內藝術教育的疑問：為什麼音樂、美術在我們的國民教育都有正式的課程，舞蹈卻沒有？即使有，也僅屬體育教學的一小部分。更奇怪的是，台灣有「舞蹈專科」訓練舞蹈人才，卻沒有專門培育舞蹈教師的機構。從事舞蹈教育的人才，泰半皆由這些舞蹈科系的畢業生擔任，但是跳得好，真能教嗎？特別是一般國民中、小學為了每年的舞蹈比賽，常常見到臨賽前，學生不停地依照成人所編的動作反覆練習，搞不懂「為什麼跳？」、「跳什麼？」，孩子們想像、創作的天賦也無從發揮。

舞蹈的種種名稱、變化，流派分別之多，是走向「專業」、技巧的結果。但是「教育舞蹈」是要藉著舞蹈的功能，來作為教育的手段。啟發式舞蹈的教育意義，在於激發個人的本能，從內涵產生技巧，從個人生命的節奏出發，去想像、成長、演變。舉例來說，若以貓為舞蹈的主題，要先從貓的皮毛及身體特性開始，再深入牠的靈性。動作是有限的，靈性則是無限的，是創作的原動力。

我自己從實際觀察研究中發現，兒童是先有自然原生的動作，從動去刺激腦，再從腦去激發進一步的行動，兩者互為關聯，相輔相成。他們在原始階段是一張白紙，漸漸的著上了色，畫上了線條，教育者不應以受污染的成人眼光來教導孩子，總是說「這樣才對！」、「那樣不是！」，掩沒他們純潔的創作本能。

兒童在遊戲中，往往就是唱唱、跳跳、畫畫，有著無窮的創造力，當老師的要能經得起挑戰，不怕失敗，體認「啟發」不是「教」的道理。老師就像不斷在進行腦力激盪，要盡力進入孩子的想像世界，透過感性的引導，賦予理性的架構內容，但又必須隨時在一個教學情況裡面急轉彎，跟著學生去應變。

一般成人對孩子身體發展階段的回應方式或教學，往往流於以一概全的方式去設計，孩子稍微會講話、走路，就用成人規則性的、文明的方法去教。比方說，在幼兒期，孩子身體先會蠕動才會爬。爬很重要，可以鍛練肌肉的協調。然後是翻身，先會側翻，然後才會彈坐起來。從坐到蹲、直立、滾，一個一個動作發展，過程中孩子會學習身體的協調，這樣才能站久一點，再進行到徒步。但現在會把孩子放在學步車（或叫螃蟹車）裡滑行，以為是很科學的學習，其實是違反自然的。孩子在爬行的時候，視覺、肌肉也在發展種種的協調能力，非常重要。如果沒有經過這個階段的訓練，就馬上讓他在車子裡面滑，等於抹煞他的能力發展，還有學習的本能。

兒童啟發式舞蹈教學實驗

一九七六年，在教育理念相近的情況下，永和佳美幼稚園的黃寶桂園長，邀請我到園內進行「創造性律動」兒童啟發式舞蹈教學實驗。雙方的合作有著互惠共識，由我負責教

於永和佳美幼稚園進行啟發式舞蹈教學實驗，上圖後排中為林絲緞，其旁為助教涂泰玲，約1976～1979。

他們的律動課，從小班到大班每天都有課，而幼稚園的舞蹈教室晚上可以免費借給我使用。

這樣的實驗教學師資必須多元，需要有一個很會講故事的，來做情境的引導，音樂老師也很重要。當時，合作的老師都是從我成人班的學生找出來的。譬如涂泰玲，她本身教國文，師大畢業；音樂老師也是由一個會彈琴的學生擔任；負責美術的是幼稚園的一個老師。

對於這樣的教學，通常我會先有個構想，再提出來與其他老師們商量。我覺得自己是從一個團隊裡，丟出一個空間，然後激盪大家，而不是說我很重要、我規定你要做什麼。都是大家一起創造課程內容，最後慢慢地累積起成果來。

上課時，老師們在開頭都會先引導一下，然後由學生去發揮。小朋友天不怕地不怕，精力旺盛，潛力無限，每每出乎意料的瞬間做出大師級的高難度動作。兒童這種天生的創造活力，是自然的潛能，說起來就是在一個架構裡玩，從玩中獲得樂趣，無拘無束的發揮創意。

啟發式教學一樣重視身體機能的訓練，是從自然的表現與遊戲當中，歸納出教學，而不是像芭蕾直接做動作的訓練及模仿，跳得那麼痛苦。譬如說，我們讓學生想像成為一隻青蛙，模仿青蛙蹲下去、跳、躍、撲，像是在玩一樣，玩一玩就變成一個身體機能、一個技巧；模仿貓，從喵喵的叫聲，到拱高身體、跳躍，又轉化成為鍛鍊另一個技巧。

雖然像是在玩，但是一定會要求符合身體運動的物理學原理，譬如跳、躍的動作要提醒孩子怎麼去調整身體，不然會傷到。因此，當老師的必須要清楚身體的結構性，再想方法讓孩子從遊戲中快快樂樂的訓練到身體柔軟度和力量的轉換運用。當他在遊戲般的上課過程中得到滿足，有幸福感之後，要學什麼都會有意願也會很快。

我常說啟發式教學，老師要找到水龍頭，扭開它，孩子的創意就源源不絕了。但是在這個過程中，老師也要評估每個學生的身體狀態及程度，下次上課再以他的身體能力慢慢再推上去。而且除了關注孩子個人的身體探索與動作語彙的開發，人際間的架構呼應、物我及環境的觀照，也都是老師們引導的重點面向。

教學現場

啟發式舞蹈怎麼教？

文─段健發

關於「啟發式教學法」，歷來的教育研究早已為其立論，並廣泛應用於各學科領域。應用於舞蹈教育，其目的除了培養跳舞的能力及信心之外，更強調讓學生自行尋求與發展適合自己的動作語彙，透過觀察、認知、模擬、想像的學習過程，自行創作舞蹈，發展創造潛能，因此又稱為「創造性舞蹈教學法」。它的上課方式，可以用「大象」這個例子簡單說明。

一般而言，如果要小朋友用身體表現大象，必然全體一致出現一隻手捏鼻，另一支手臂伸長擺動，因為他們就是被這麼教的！動作表現的僵化，源自認知層面的貧乏，生活經驗的不足。此時教師可以運用跟大象有關的故事、圖片、影片等為前導，透過觀察、提示和討論，讓孩子們對於大象的外型、動作的特質與生態，進行多面向的模擬和觀照，自然而然能改變原本刻板的肢體表現。接下來教師可以鼓勵學生嘗試針對大象個別身體部位的運作與整體印象進行模仿，孩子們分別呈現出不同的身體經驗與視覺意象，再透過相互的學習與合作架構，慢慢會形成屬於他們自己的大象創作。若搭配聖桑名曲〈動物狂歡節〉當中描繪「大象」的樂段來跳，孩子們所感受的為何？想像的情境為何？心象的掌握之於語言、肢體的表達，呈現何種關連與殊異？從動作表現的適切性、精確性、豐富性，便能直接反映他們對大象主題的統整程度。這樣的過程不是來自成人填鴨式的灌輸，而是一種踏實的自我發現、統整學習，以及身心潛能的開啟與表達。

教師必須掌握教材編排與身體造形、節奏、空間、力度、關係等舞蹈元素訓練的連續性、銜接性原則，注意由淺入深的程序性與課程的統整性，形成認知學習與心象表現兼具的創造性課程。

我一向拙於言詞，沒辦法像一些學者專家能把啟發式教學法的理論與應用講得頭頭是道，但我就是實際去做，從生活中、從教學與學生的反饋中，一再應用、印證、突破。當然有家長會說：「我的孩子是來學跳舞的，不是來玩遊戲的。」他們習慣看到比較技巧的、格式化的東西，覺得如果孩子要玩，在家裡玩就好了。但我很有信心自己的方向沒有錯，總是努力一再說明，教育家長對舞蹈的看法，成了另一項責任。

我在佳美幼稚園的啟發式舞蹈教育實驗的合作關係，持續約三年，很遺憾的在難逃當年政治氛圍影響下結束。

那時候呂秀蓮從事婦女運動與黨外活動，在國賓飯店辦贊助餐會。在從事婦運的好友李元貞引薦下，我沒有想到什麼政治利害關係，只想說支持朋友，就邀幼稚園的園長還有我婦女班的這些媽媽們去參加，大約邀了二十位去捧場，吃一頓一千塊錢，等於贊助的性質。後來美麗島事件爆發，呂秀蓮出問題了，在當時的政治氣氛下，人難免擔心無端受牽連，與園方的這段合作關係也就因而結束。

莫名的政治牽扯不只這一樁。一九八〇年一月，我於台北市中山堂舉行「兒童啟發式舞蹈教育觀摩會」的時候，有一個外國攝影師杜可風，知道我在做啟發式教學，就來攝影。後來電視台、記者都來找我，報紙、雜誌也刊登我正在做的舞蹈教育工作。可能是我看起來在出名了，就有人跟當局打小報告，說我有思想問題，以至於杜可風拍的節目也被禁播。後來一段時間，我的東西都被禁止出現在媒體。還好贊助我辦發表會的那個朋友，他就說：

「啊！若林絲緞有思想問題，那我看台灣的人都有思想問題！」意思是說我頭腦這麼單純的人哪會有什麼「思想問題」……

先生李哲洋是白色恐怖受難者家屬，經歷過的壓抑不安未曾消散，碰到這種事，他就寫了一封很長的信，向當時的新聞局說明報備，大意是說這樣的誣告會妨害到藝術教育上的創意發展，我也想不到事情會發展成這樣。

06

Chapter

生活與舞蹈

身體會老化、技術會退化，
而舞蹈真正的本質是什麼？

生命場景

- 1978｜開始於婦女班課程推展「生活與舞蹈」理念，並於1978、1981年舉辦「生活與舞蹈」發表會。
- 1983｜赴美遊學近九個月。

體驗到啟發式教學的奧妙以後，我相信這樣的教育型態不只是兒童，而是所有人都需要的，超越年齡、階層、性別、體型、技巧等限制。因此在一九七〇年代，很快就在我的婦女班落實，同時推展「生活與舞蹈」的理念，當時李哲洋還為此與我起了一番爭執。

「妳書讀多一點好嗎？妳什麼都敢講！什麼都敢做！什麼叫生活與藝術？什麼是生活與舞蹈？」

「生活就是生活，就是這樣生活！」

「我聽不懂！妳把道理給我講清楚！」

他跟我爭辯，有時辯到火氣上來，還會不自覺敲打桌子。

「妳不要丟臉唷！」

「我也不丟你的臉！」

反正我就是繼續堅持我想做的。後來的成果發表，他根本不理我，連看都不看。

每個人都是藝術家

對於「藝術與生活」、「生活與舞蹈」，我沒有什麼複雜的說詞，只是認為應該把原本人們以為高不可攀，屬於科班專利的舞蹈藝術，回歸到生活化的本質，讓普羅大眾知道他們也能在生活中親近藝術，探索自己的身體知覺與動能，享受舞蹈帶來的歡愉與感動。

尤其當年在父權社會下的台灣女性，對身體意識與自主能力的壓抑，並不因家庭、工作、角色負擔的日趨多元，而受到應有的重視與開放，在身心的壓力與創傷的調適上，更需要獲得出口。因為這樣，加上我自身的生命經驗，就創辦了婦女舞蹈班，希望可以將舞蹈積極應用在成人教育上，尤其是女性，為人們尋常生活的身心健康，發揮有效的功能。

當時投入婦女運動的朋友李元貞，很支持推廣婦女舞蹈班：「要解放婦女的身心，舞蹈是最直接最有效的。舞蹈可以幫助她們，首先是放鬆，其次就是慢慢從舞蹈的身心解放裡面，長出自我。」

上課中的婦女舞蹈班，於永和永利路舞蹈教室，1982。

林絲緞與推動台灣婦運的李元貞，約 1970 年代末。

雖然說是婦女舞蹈班，但其實開放給一般成人，完全沒有性別限制，可惜囿於傳統價值，男性通常自動迴避，偶有一、兩位男士來學，也僅短期上課便自行離去。

婦女班的學生，從三十歲到六十多歲都有，多半是很單純的家庭婦女，很多都是佳美幼稚園的家長，由黃園長介紹過來的。那個年代社會在半轉型期，從農業轉到工業，大家的生活慢慢比較富裕，她們才會有閒來學舞蹈。她們白天比較有空，那時候婦女班人數，大概有四、五十個之多，分成兩班上課。這批學生跟我學很久，有四、五年的，也有十多年一直跟著的。當中最年輕的，現在八十多歲，最老的也去世了……

我鼓勵她們進行即興創作，唯一堅持的是表現主題與結構性的掌握。教學上我一向不喜歡過度設計、編排，一板一眼，也不想編一支舞給她們跳，而是依當下學生狀況，半拿捏半創作、半即興半教學地在轉換、運作。原則上我會先進行一些基本體能訓練，譬如放鬆、力量轉換運用等，培養身體的能力，然後再以她們當下的生活經驗與感受出發，進行即興引導。

譬如有一支舞叫〈農家樂〉，搭配台灣民謠〈農家樂〉的音樂，就是從即興創作發展出來的，在生活與舞蹈展示會上表演過。因為她們是真的經歷過農家生活，種過田，表現出來的那種勞動動作很棒，我要編還不會！不過，一些教跳舞的老師看了就批評說：「林絲緞現在都教一些歐巴桑啦，跳那個什麼舞步！看不出來是什麼樣子！」他們所謂的「樣子」，大概是指傳統的、習慣看到的芭蕾或民族舞蹈吧，老師把慣有的動作編好，套進去讓學生跳。

我對婦女發起「生活與舞蹈」這樣的做法，經過幾次的發表會、有了不小迴響之後，慢慢就流行了，公園或是廣場，到處都可以看到。於是出現一篇很好玩的新聞報導，說有的婦女，早上不顧小孩的早餐，就趕快打扮得漂漂亮亮，跑去公園，因為公園很熱鬧，有很多活動，不管土風舞也好、交際舞也好，什麼都有，她們就在那邊跳，沒有顧到家裡，有的甚至跳出外遇，那都是林絲緞惹出來的！我又好氣又好笑，想說我的東西跟土風舞、交際舞又不一樣，怎麼好的都是別人的，壞的都是我的……。雖然當時的台灣進步分子如李敖、陳映真等，曾諷刺這些婦女運動是「少奶奶運動」，但不可否認的，這些進到婦女日常生活中的行動確實對那個年代刺激了一些改變。

林絲緞（右）指導生活與舞蹈發表會的舞台排演，1978。

一九七八年四月、一九八一年三月，在李元貞鼓勵及李雙澤基金會贊助下，由亞洲作曲家聯盟掛名主辦，分別於台北市實踐堂與國立藝術教育館，舉辦了「生活與舞蹈」發表會，在專刊中我與同學們分別提出宣言「這是一場不是以舞蹈為目的的舞蹈表演會」、「舞蹈已不再是年輕人的專利品」，這是一場非以藝術為目的的舞蹈表演，但並非說他們的表演就沒有藝術。第一次的舞台表演，有的婦女學生很猶豫要不要上台，怕家裡知道，後來同學們七嘴八舌討論，決定豁出去，「管它去死！」，沒想到演出很轟動，全部客滿，電視台三台都有播出。

生活與舞蹈發表會，以婦女為主體演出〈農家樂〉（中）、〈茉莉花〉（下）等作品，1978。

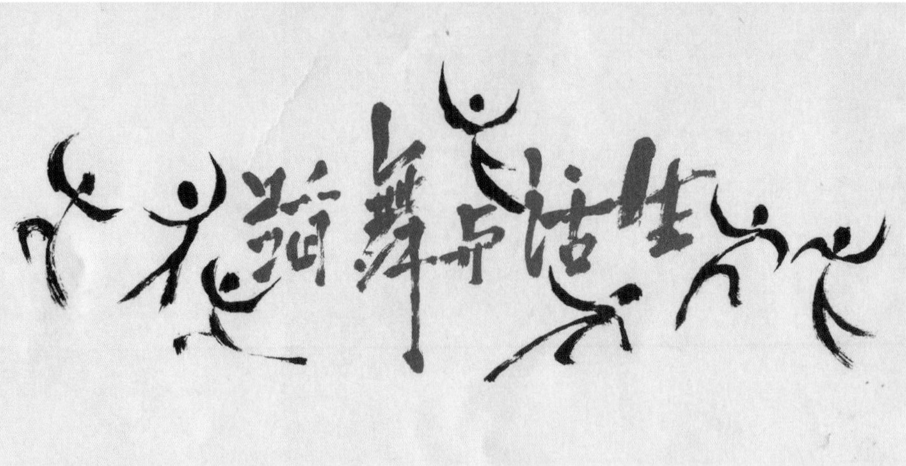

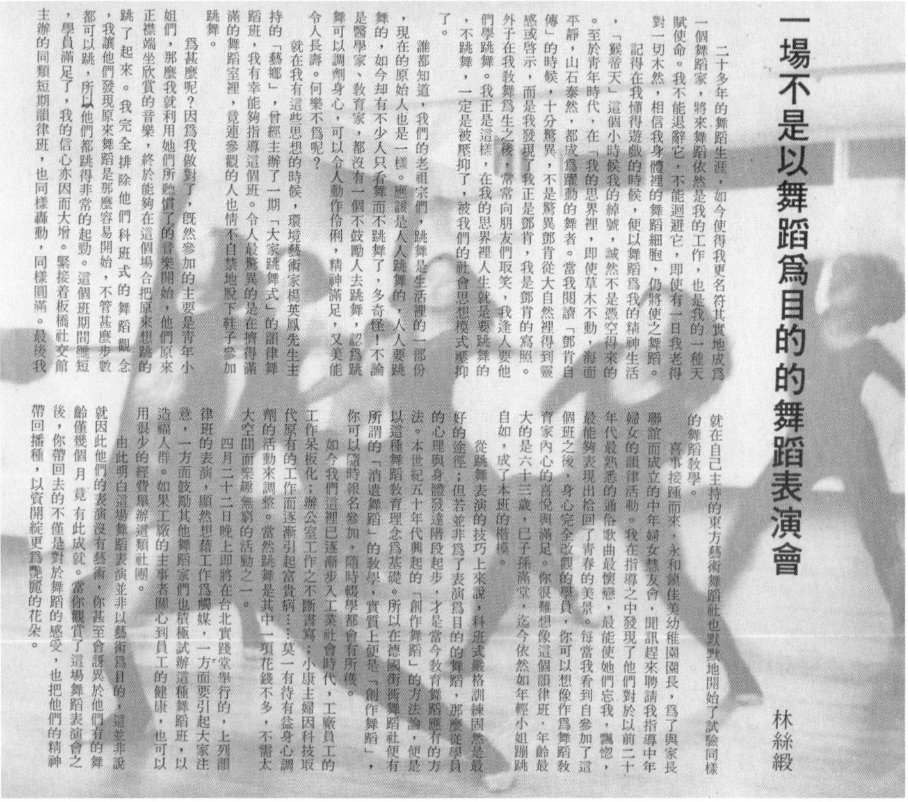

一場不是以舞蹈爲目的的舞蹈表演會

林絲緞

二十多年的舞蹈生涯，如今使得我更名符其實地成爲一個舞蹈家，將來舞蹈依然是我的工作，也是我的一種天賦使命。我不能退辭它，不能迴避它，即使有一日我老得對一切木然，相信我身體裡的舞蹈細胞，仍將使之舞蹈。

記得在我懂得遊戲的時候，便以舞蹈爲我的精神生活，「猴帝天」這個小時候我的綽號，誠然不是憑空得來的。至於青年時代，在「我的思界裡，即使草木不動，海面平靜，山石泰然，都成爲躍動的舞者。當我閱讀「鄧肯自傳」的時候，十分驚異，不是驚異鄧肯從大自然裡得到靈感或啓示，而是我發現了我正是鄧肯，我是鄧肯的寫照。外子在我教舞爲生之後，常常向朋友們取笑，我逢人要他們學跳舞。我正是這樣，在我的思界裡人生就是要跳舞的，不跳舞，一定是被壓抑了，被我們的社會思想模式壓抑了。

誰都知道，我們的老祖宗們，跳舞是生活裡的一部份，現在的原始人也是一樣。應該是人人跳舞的，人人要跳舞的，如今卻有不少人只看舞而不跳舞了，多奇怪！不論是醫學家、教育家，都沒有一個不鼓勵人去跳舞，認爲跳舞可以調劑身心，可以令人動作伶俐，精神滿足，又美能令人長壽。何樂不爲呢？

就在我有這些思想的時候，環境藝術家楊英風先生主持的「藝鄉」，曾經主辦了一期「大家跳舞式」的韻律舞蹈班，我有幸能夠指導這個班。令人最驚異的是在擠得滿滿的舞蹈室裡，竟連參觀的人也情不自禁地脫下鞋子參加跳舞。

爲甚麼呢？因爲我做對了，既然參加的主要是青年小姐們，那麼我就利用她們所聽慣了的音樂開始，他們原來正襟端坐欣賞的音樂，終於能夠在這個場合把原來想跳的跳了起來。我完全排除他們科班式的舞蹈觀念，我讓他們發現原來舞蹈是那麼容易開始，不管甚麼步數都可以跳，所以他們都跳得非常的起勁。這個班期間雖短，學員滿足了，我的信心亦因而大增。緊接着板橋社交館主辦的同類短期韻律班，也同樣轟動，同樣圓滿。最後我就在自己主持的東方藝術舞蹈社也默默地開始了試驗同樣的舞蹈教學。

喜事接踵而來，永和鎮佳美幼稚園園長，爲了與家長聯誼而成立的中年婦女慧友會，聞訊趕來聘請我指導中年婦女的韻律活動。我在指導之中發現了他們對於以前二十年代最熟悉的通俗歌曲最懷戀，最能使她們忘我，飄惚，最能夠表現出恰回了青春的美景。每當我看到自參加了這個班之後，身心完全改觀的學員，你可以想像作爲舞蹈教育家內心的喜悅與滿足。你很難想像這個韻律班，年齡最大的是六十三歲，已子孫滿堂，迄今依然如年輕小姐蹦跳自如，成了本班的楷模。

從跳舞表演的技巧上來說，科班式嚴格訓練固然是最好的途徑；但若並非爲了表演爲目的的舞蹈，那麼從學員的心理與身體發達階段起步，才是當今教育舞蹈應有的方法。本世紀五十年代興起的「創作舞蹈」的方法論，便是以這種舞蹈教育理念爲基礎。所以在德國街衡舞蹈社便有所謂的「消遣舞蹈」的教學，實質上便是「創作舞蹈」，你可以隨時報名參加，隨時輟學都會有所穫。

如今我們這裡已逐漸步入工業社會時代，工廠員工的工作呆板化；辦公室工作之不斷書寫；小康主婦因科技取代原有的工作而逐漸引起富貴病……莫一有待有益身心調劑的活動來調整。當然跳舞是其中一項花錢不多，不需太大空間而樂趣無窮的活動之一。

四月二十二日晚上即將在台北實踐堂舉行的，上列韻律班的表演，顯然想藉工作爲觸媒，一方面要引起大家注意，一方面鼓勵其他舞蹈家們也積極試辦這種舞蹈班，以造福人群。如果工廠的主事者關心到員工的健康，也可以用很少的經費舉辦這類社團。

由此明白這場舞蹈表演並非以藝術爲目的，這並非說就因此他們的表演沒有藝術，你甚至會訝異於他們有的舞齡僅幾個月竟有此成就。當你觀賞了這場舞蹈表演會之後，你帶回去的不僅是對於舞蹈的感受，也把他們的精神帶回播種，以資開綻更爲艷麗的花朵。

生活與舞蹈發表會專刊封面及內頁的演出宣言，1978。

文獻紀實

「生活與舞蹈」太太們渾身是汗「太極茉莉花」舉手投足似推拿

文—劉曉梅

……舞曲很輕鬆，舞衣很鮮明，跳舞的這些太太們，認真得渾身是汗。……

全部共有十五個節目，〈月光〉以貝多芬的〈月光曲〉編舞，曲子是挺優美的，但是平均才學了半年舞蹈的太太們，當然不可能將觀眾引入曲子裡的意境，林絲緞說：「我們主要在做運動，表演縮腹與挺直的技巧，這些舞蹈的基本動作，配樂表演出來，有點示範動作的味道。」

〈迎賓舞〉用山地迎賓舞曲，太太們圈著手哼喲嗨喲的跳著，舞步不很整齊，歡樂的氣氛倒是十足；〈保齡球〉由舞齡較長的四位太太演出，由翻滾到挺立的過程中，跳舞的太太說：「全身的節骨眼都鬆暢了。」

〈茉莉花〉是場熱鬧的舞，十幾位太太們，穿著淡紫色長裙，舞姿十分可愛，最特別的是一位五十四歲的楊太太，練了二十年的太極拳，一曲茉莉花，那舉手投足間，就是拋不掉「推」、「拿」的味道，她笑笑說：「我這是『太極茉莉花』。」

〈青春樂〉這場舞蹈中，多了個瘦長的男主角，他是四十歲的簡新模，「奇怪畫廊」的「廊主」，學舞兩個月，很熱心的願意跑龍套，只見他風度翩翩，揚著下巴將五十多公斤的女主角舉上擺下，大家不說他舞得好，反讚美他「表情很夠」，有一個年輕的舞者說：「我很佩服他，一個四十歲的大男人，會有從頭學舞的熱情！」

自從林絲緞手下的太太學生要表演的消息傳出來後，很多的家庭主婦及職業婦女，紛紛向林絲緞打聽學舞的事，林絲緞表示已沒辦法多收學生，她舉辦學生舞蹈發表會，倒不是個人的宣傳，顯然是想藉工作為觸媒，引起大家的注意，鼓勵其他舞蹈家也積極試辦這種舞蹈班，更希望婦女職工多的工廠，能用很少的經費舉辦這類社團。

林絲緞說：「希望這次舞蹈發表會，讓觀眾不只是帶回舞蹈的感受，也把演出者的精神帶回去。」

節錄自《聯合報》，九版／影視綜藝、萬象，一九七八年四月二十二日

這些平凡婦女的表現，或許欠缺專業舞者的身段技巧，但是她們從生活的情感與真實的自我出發，毫不造作的肢體有時卻是那麼動人。有一支舞我印象非常深，到現在仍然不時會拿出來作為說明舉例。那是用台灣民謠〈一隻鳥仔哭啾啾〉配樂的同名舞作，舞者只有兩人，六十多歲的阿嬤和一位中年女士。阿嬤有個圓滾滾的大肚子，而中年女士窈窕嬌小，當她蹲坐著，阿嬤站在她後方，兩人形成極為鮮明的對比。從頭到尾，和著樂曲，就在一塊只夠兩人站立的白毛毯上舞動著。中年女士演活了小鳥的意象，時舞時停，上上下下依偎著身後的母鳥，像是無度的索求著呵護；阿嬤的大肚子則像個溫暖的避風港，適時的呼應，彎腰撫慰，付出母鳥無盡的愛。一大一小，一靜一動，一外放一內斂，傳遞母子情的意象，簡簡單單，卻直透人心，看過的人莫不感動到起雞皮疙瘩。

舞蹈一定要去學院、研究所嗎？我不否定學院的價值，而是覺得可惜，如果舞者接受了所謂專業的訓練，卻只會死磨動作技巧，套用風格，膜拜典範，欠缺自己的想像力、個性與思考，那麼只會使舞蹈藝術難以親近大眾生活，舞者也只是把自己變成表演工具。

「身體會老化、技術會退化，而舞蹈真正的本質是什麼？」這是我一再提出質疑的問題。我想要打破所謂「專業」的盲點，刺激大家重新思考舞蹈之於人類生活的意義與價值，回歸「人」對肢體表現的需求。我在當下生活，我需要的是什麼？我感覺的是什麼？就從這邊去開發，將舞蹈解放到尋常生活裡。

「生活與舞蹈」並非以藝術為目的，但不代表庶民的舞蹈就沒有藝術性。圖為成人舞蹈班學生的即興創作表演，左為段健發，1986。

如果將藝術視為人類思想、情感的表達，那麼舞蹈「技巧」的概念，或許可以界定為人們如何隨心所欲的透過媒材（身體）從事精確的表達（思想、情感），如同書寫透過文字、繪畫透過形色等符號，「表達」應該超越年齡、性別、體型、職業、階層等種種限制才對，人人都可以是「舞者」，一個跳舞的人，自信且自主的用身體說話。

我要去美國遊學！

一九八三年，我下定決心放下家庭與工作，到美國一陣子，什麼時候回來沒有明確日期。我只說想多去看看、走走，開開見識，課務安排了學生孫慶瑛代理，學生們高高興興的為我在教室餞行。而我，其實整個人正深陷谷底。

說起來，很多事情我一直累積一直忍，人家對模特兒的眼光，社會的壓力，家庭的平衡，舞蹈的不被理解⋯⋯。我的教學也不如意，不知道突破點在哪裡。本來教芭蕾有一百多個學生，教啟發式後慢慢只剩下二十幾個，我努力硬撐，卻也疲倦，不免產生懷疑，不曉得啟發式教學到底要不要繼續。

種種事情長期下來壓抑太多了，但我很會忍，一直忍。最後，就是我先生外遇的事，忍忍忍⋯⋯我忍到身體起了變化，臉都黑的，耳朵嗡嗡嗡，幾個月下來就聾了。

我感覺好像被壓到人快要爆炸，再不趕快為自己做點什麼不行！到國外觀摩取經一直是心裡渴望的，過去顧慮好多，現在決定不再忍了。把自己丟到一個陌生的地方，語言不通，完全不知道會發生什麼狀況，都沒有關係，反正先去了再說。當時我心裡覺得很對不起兩個孩子，把他們放著就一個人跑去美國，很任性。後來心想還好孩子沒一起帶出國，因為我這趟出去等於自殺一樣，那種好像沒有明天的去。

我先到洛杉磯學語文，待了一個月，那邊唯一的親戚就是我的小叔，由他陪著四處看，我也跟一位據說是英國皇家舞團退下來的首席舞者，上了幾堂芭蕾課。但不曉得為什麼看到的教室都是教古典芭蕾舞蹈，覺得很無趣，便決定轉往紐約。

小叔送我到機場，我自己搭小飛機去，那個時候生存的力量莫名湧出來了，飛機延遲，我還聽得懂它的廣播。

還好，有不少年輕時期藝術界的朋友都在美國，畫家沈明坤來接我，我先在他家裡住了三天，然後他幫我在皇后區租到房子，巧合的是房東居然是台灣音樂界的朋友。房東的妹妹讀舞蹈系，我們很快就熟絡起來，透過她的引介四處去學習觀摩。

紐約中央公園附近四十二、四十四街是舞蹈社最多的地方，著名的瑪莎．葛蘭姆、艾文．尼克萊斯（Alwin Nikolais）、摩斯．康寧漢（Merce Cunningham）以及艾文．艾利（Alvin Ailey）的工作室都在這一區，包括鄧肯學生的研究室，我都先去參觀，之後再選擇性的學習。所謂的學習，我不是去學技巧，主要是要看教學內容，看他們的教學方法、宗旨在哪裡。

我花了很多錢上課，整天就是舞蹈。要二十四小時跳是不可能的，我已經四十三歲了，一天頂多四堂課下來就很夠了。每天除了上課還是上課，從早上到下午，中間沒有休息，都是吃巧克力跟起司撐一下。沒有體力了，我也是買一堂課，坐著看，有的老師不准我這樣，我就騙說自己生病了。事實上，腳真的已經僵硬得提不起來，回家躺在床上身體都會痛，沒有一塊肌肉是舒服的，每一塊都痛！就是跳到這種程度。

尼克萊斯的教室，讓我收穫最多，學費也花最多。有兩個老師在教，一個是路易斯，一個是尼克萊斯，他們的教法很活，非常有創意，講究的是身體反應的伶俐度，好比跳躍

右｜於紐約遊學舞蹈期間攝於林肯表演藝術中心前，1983。
左｜舞蹈家艾文．艾利放映影片給學員看，於紐約艾文．艾利舞蹈工作室，1983。

中身體如何靈活轉換。他們不要求學生做的動作跟老師一模一樣，只要節奏、韻律、力量抓對就可以。

一開始上課，由於語言與環境的不熟悉，我忐忑不安的揣摩老師的指令，跟著同學進行即興創作。輪到我時便硬著頭皮，不管三七二十一的盡情發揮，沒想到老師連聲稱好「Good! Good!」。等到第二回合較為篤定了，自己回去有準備，想好要如何表現，老師看完卻反問我：「妳在哪裡？我看不到妳！這個不是妳的東西！」我當場覺得好丟臉，整個人愣住，我有準備啊，什麼叫不是我的東西？我想不通，每天都在想。等到回來台灣才明白，差別在於我沒有順應自己身體當下真實的自然脈動而舞，就像第一次一樣。這個經驗深深印在我心裡，常常會想到這句「這個不是妳的東西」。

另一個出乎意料的收穫，是非洲舞。那是在艾文．艾利的教室，他們最注重非洲舞，有好幾個老師在教，而且是不同族的，身型也高矮胖瘦不一。現場用打擊樂，當他們「啊～」的吶喊，感覺真的很原始。那種人與人之間圍著、搖動，以及自然物的模仿表現，非常直接有力。那個課是越小孩子、越沒有污染的去學，表現越好。看似簡單的伸展、收縮與擺動，其實需要極大的肌耐力與協調性，與其他門派的肢體運用完全不一樣，再配上非洲音樂的節奏，重複的運作磨到接近身體所能承受的臨界狀態，得到的卻是淋漓盡致的暢快與出神體驗。回台灣之後，一直到今天，有時我也會把一些非洲舞的元素，加入對學生的體能訓練上。

走出生命幽谷

出國留學其實一直是我年輕時的夢想，特別是當年台灣藝文界興起一股留學風潮，無論是美術界友人或與我同期的舞者如游好彥、賴秀峰、王森茂、崔蓉蓉、原文秀、陳學同等人，很早就放洋歐美尋夢。我則為了愛情，選擇與李哲洋結婚、生子，忙於操持家務，教舞營生，囿於現實，將夢想壓抑下來，怎麼也想不到會是在「逃離」與「自毀」的心情下圓夢。舞蹈向來是支持我的力量，面對生命中最難熬的時刻，舞蹈安慰了我，療癒掏空、疲憊的心，正如舞蹈曾經為我許多婦女學生注入力量一樣。

跟老朋友在異鄉見面也溫暖了我。畫家廖修平特別從紐澤西開車到紐約，接我到家裡過感恩節，也遇見了當時還是台灣海外黑名單的謝里法，以及攝影家柯錫杰及楊識宏；年輕時舞蹈界的好友王森茂，當時在紐約的餐廳擔任主管，也帶著我到處玩。無形之間，在紐約我就整個放下來了，就是玩自己的！我連李哲洋這個名字都要想很久才想得出來，很奇怪，就是好像忘記了，只有突然想到我還有兩個孩子才會跳起來。

將近九個月的旅程，我像是到了另外一個世界，把台灣都忘光光！雖然跳舞跳到腳很痛，全身痛，但是精神很興奮。街上、地下鐵裡面的畫、中央公園以及四周的街頭表演，我都很喜歡看，每一個週末都到處繞、到處看，像個土包子一樣。我在美國待到錢快用光才不得不回來，上完在艾文．艾利教室的最後一堂課，隔天就要回台灣，我坐著，忽然間眼淚一直流下來，不知道為什麼。

回台灣後又要繼續工作，但生活上、教學上都重整了，我對自己也更有信心。當時在台灣一般學舞蹈，哪有什麼即興創作？哪有什麼啟發式教學？沒有！我這樣教，不管大人或小孩，學生都越來越少，不禁會自我懷疑為什麼要做，為什麼要這麼辛苦。幸好有這趟紐約遊學的經驗，幫助我走出了人生幽谷，也讓我更清楚方向，帶著自信重新出發。

NOVA

1980 年代，林絲緞展開了由肢體出發的兒童藝術統合教育實驗。於溫州街教室，1986，簡扶育攝。

Part Three
教育的角落

07

Chapter

拓荒 藝術統合教育

孩子是從遊戲中去認知的，
重點在於遊戲的過程如何精緻化。

生命場景

- 1986 年迄今｜投入兒童藝術統合教育，始於台北市溫州街教室。
- 1987、91、95｜舉辦三次兒童藝術統合教育的成果發表會，於國立藝術教育館。

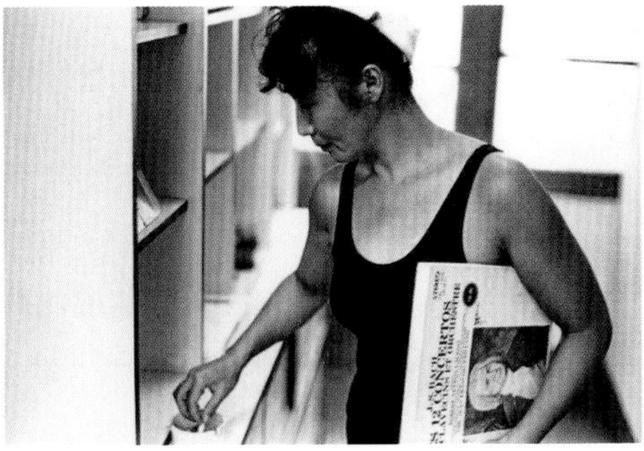

上課前的林絲緞，於溫州街林絲緞舞蹈音樂藝文中心，1986，簡扶育攝。

一九八六年，我一位婦女班的學生歐瑞淑是大企業義美食品的親戚，透過引介，便找了台灣大學附近溫州街一處公寓大樓的地下室，重新裝潢整理成寬敞的上課空間，贊助我在此成立「林絲緞舞蹈音樂藝文中心」（習稱為溫州街教室），總共一百多坪，分成兩大間教室。這個教室是我成立舞蹈社以來最具規模的，也開始在這裡大刀闊斧的推展「兒童藝術統合教育」實驗。

土法也能煉成鋼

我找自己的學生段健發來擔任統合班的美術與文學老師，當時他是國小美術老師，也很清楚我的理念。音樂師資的部分，理想上，希望能找到具備現場即興彈奏與引導學生進行歌曲創作能力的教師，但要找到符合條件的人很難。這樣的老師，基本上必須是一個教學與創作閱歷豐富的兒童音樂教育工作者；不過，由於教學型態將採取「協同」與「統整」的方式，資深者嫌煩瑣不願屈就，年輕人又因經驗不足，擔心難以勝任而退卻。幸好過了不久，便得到國內首屆一指的幼兒音樂教育家許婷雅（李泰祥之妻）首肯，願意加入，整體教學才得以順暢展開。

說起來，一九七六年在佳美幼稚園推展啟發式舞蹈教學時，就已發展出藝術統合的教育觀念；甚至，「統合」的脈絡再往前推，在我一九七五年的現代舞獨舞發表會，已經可以看到跨領域合作的想法融入到表演裡，只是重點不同而已。舞蹈、音樂、美術、語文等，這些藝術類別在我看來就像是一家人，有時個別分開，有時可以一起合作，而舞蹈是最綜合也最當下的形式。藝術統合教學是我經過不斷自我調整、探索，所整理出一套對於藝術和教育的認知，憑著「這樣是對的」執著和熱勁，就一頭栽進去做，現在回想起來真是不知天高地厚。

教育是面對人的事，實務發展本就優先於理論，重點在於教學的效能。我沒有經歷正式的學院教育，無法說出一套嚴謹的理論，也不會從學術論點去進行實務研究，再宣傳成一套系統化的教材來招生。說我是「土法煉鋼」也好，但藝術教育上可貴的，或許正是那個「土」字，帶著原創興味，在教學現場戮力親為，得到第一手反饋與體察，融貫後再繼續「煉」。如果只是紙上談兵，只是在旁邊用想的、用看的、用講的，沒有實際去教、去碰觸孩子，談得再好也不一定會教。

我念的是「社會大學」，自己的舞蹈創作、美學、教育乃至社會、心理、治療上的見識，絕大部分來自生活中的人際互動及所見所聞，有西方的也有本土的，有前衛的也有傳統的，有學科本位也有跨領域的，只要能觸動我，都是我的營養，融合自己的生命經驗，形塑成教育上的動力與直覺。

有一次我參加研討會，身邊都是學有專精的教授、學者，當我說到「藝術統合教學」的理念時，當場被朱宗慶、王秀雄幾個大師級的教授說：「藝術統合是妳先喊出來的，什麼叫做藝術統合？」我沒辦法長篇大論去辯護，只是直率說出我的體悟：「你從孩子遊戲中去觀察，孩子三五個擠在一起，說說、打打、唱唱、畫畫、跳跳，都是很自然的形成，重點是在孩子遊戲的過程如何精緻化。以舞蹈來開始統合音樂、美術，哪裡有不對的地方？」

教學現場

藝術統合教育的理念

文—段健發

根據張春興教授所編著的《張氏心理學辭典》，「統合」（synthesis）就教育層面而言，係指將多種學科匯集在一起而成為一個新整體的教學歷程。這樣的教育型態應用在藝術領域，就成了結合不同藝術類型的藝術統合教育。

林絲緞向來強調：「當老師的，要知道你要把學生帶到哪裡去！」一九八六年首度推出的兒童藝術統合實驗教學，就是希望依循兒童的本性，將舞蹈、音樂、文學、美術融為一體，透過啟發式教學，讓兒童在學習中認識自己，進而認識群體，並激發潛在的原創力，培育健全人格。藝術在此是作為一種教育的手段，而非目的；而統合的型態也能因應教學對象的需求，符合教學效能的考量，絕非為統合而統合。

之所以採用藝術統合教育，簡單來說有兩項立論基礎：一是全人（whole person）教育，另一是藝術感通。

人本主義心理學家卡爾・羅杰斯（Carl Ransom Rogers）認為，正確的教育乃是一種「全人」的教育，包含認知、情感以及精神的層次。把藝術視為兒童全人教育的一環，而非目的，這樣的觀點顯然是「兒童中心」取向，不同於學校藝術科系的「學科中心」取向。事實上，林絲緞並無意將舞蹈教育與表演藝術專業劃清界線，在她眼中，藝術是教育的一環，強調藝術在普通教育的功能，無礙於學生往藝術專業發展。令她難以苟同的，是國內舞蹈教育生態的狹隘，從國民教育開始，便只重視培養專業表演者，卻忽略了舞蹈作為通識教育的重要性。

至於「藝術感通」，早在一九七五年，時任台中市五權國中校長的許天治所從事的「音感作畫」教學研究，便是以此概念為基礎，他引述民初美學大師朱光潛的理論，認為聲音、色彩、形象、現象經過感覺（sensation）與情緒（emotion）

的交互聯結，能和人生的喜、怒、哀、樂產生關連，後來這項教學普遍納入國民中小學的美術教材中。而藝術統合教學，也同樣能引領學童在藝術感通的層次上進行學習體驗，獲得更完整均衡的滋養。

多感官的創意教學

在溫州街教室的「兒童藝術統合班」，一直是採取協同教學的型態，每堂課九十分鐘，每週兩堂，同時會有三到四位教師參與，即使各司其職，也從頭到尾全程出席教學活動。還有一點是我非常堅持的，就是教學團隊在課前溝通討論，課後立即一同檢討，這項基本原則一直延續到今天，毫無例外。

初始的藝術統合實驗教學，以舞蹈為主，文學、音樂、美術為輔，主要用意是藉各科活動的刺激與沉澱，帶來具有統整性的主題經驗，孩子在舞蹈層面也因而能有更豐富的表現。各科活動依據本身的形式特點，各有發展策略。文學活動大抵為講述、討論、聯想、故事與詩歌的創作、角色扮演、相關字／詞／句的構成遊戲與描述的練習。音樂活動會運用旋律性及節奏性強的樂曲，作為啟發舞蹈的背景因素，利用兒童本身的直覺能力來感應旋律的感情與節奏的律動，並以此引導發展對周圍事物的觀察力，刺激思考與連貫能力。

兒童藝術統合班的舞蹈教學，有基本的身體能力訓練，也有個人及群體的即興創作，最上圖左為協同教學的段健發老師。於溫州街教室，1986，簡扶育攝。

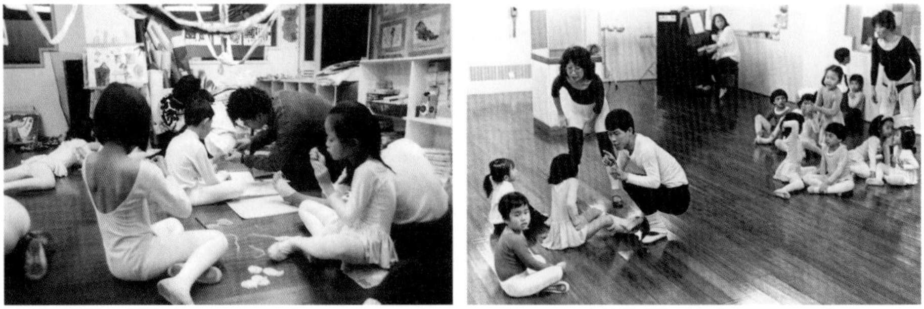

採跨域協同教學的兒童藝術統合班，一堂課通常會有兩、三位教師一起參與。於溫州街教室，1986。

美術活動則透過各種媒材的創作體驗與相關造形原理的掌握，進行主題的認知、感受的強化與沉澱整理，並因應需要，進行包括衣飾造型、道具與動作設計的舞蹈計畫。整個教學實驗長達一年半，大致發展出具體的合作架構以及教學實務。

這樣的上課方式，講究的是整體課程的架構，以及對教學主題的探討是否夠精緻、深入。文學、音樂與美術活動，原則上配合舞蹈教學的進度，在每堂課分段實施，作為教學階段性重點的前導活動或結束活動。有時美術或其他老師有想要加強推展的概念，大家在教學上也會呼應配合，在統一的主題下，相互牽動，層層相扣，希望能讓學生無形中體驗「藝術感通」與創作的愉悅。

以主題「水」為例，先以兒童對水的感受為起點，孩子們可能會聯想到噴泉、溪流、海浪、水族館、游泳等相關事物，老師再運用故事、道具、音效音樂、色彩等各種刺激，帶入情境，引導孩子開發想像力與創造力，進而體會自然之美，培養自然與環境意識。

在上課過程中，孩子們玩猜謎，從甲骨文的「水」字，體會象形造字的視覺性；靜聽「大雷雨」的實況錄音，每人即興創作一首詩；玩水、玩顏料，融合大自然的聲音情境，依此感受以顏料在畫紙上潑灑，滴流成一幅幅有個性的圖畫；揮舞大垃圾袋，模擬一波波浪濤的聲響與海風的吹拂感；更多的時候，孩子們用身體感覺水、遊戲水，化為小溪、噴泉、瀑布、大海；也可以變成水的家族，如水蒸氣忽地升騰至天際，忽地又凝結成一顆顆小水珠，滴落、聚集再漫開。以文學、美術、音樂彼此激盪，最後以舞蹈統合，以肢體自然舞動出來，形成充滿想像力與表現力的水世界。

師生們就一同在多感官的學習情境中相互激盪、相互啟發，充滿樂趣。每一個主題，都會花好幾堂課的時間連貫發展，並審核學生的表現是否達成教學目標，從中不斷因應調整，教學力求適性靈活。

在教學實驗期間，留英的戲劇工作者吳麗蘭老師，也曾一起參與，負責戲劇課程。教師們以她所編導的《紅鞋子》故事架構，發展美術、音樂、舞蹈各科的教學內容，為期一個半月，末了並於教室邀請家長進行教學成果觀摩。

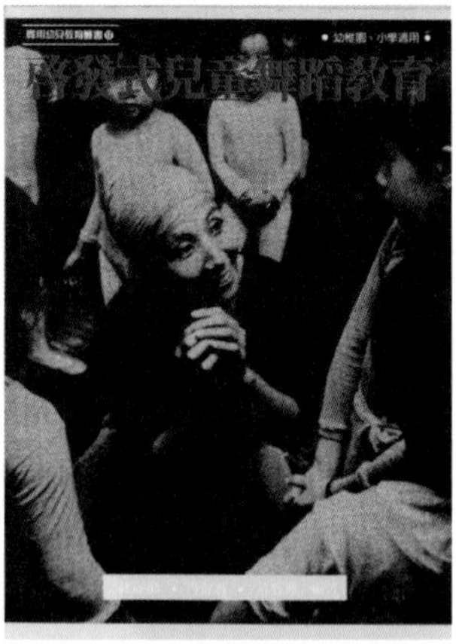

《啟發式兒童舞蹈教育》專書封面，林絲緞、許婷雅、段健發編著，理科出版社，1987。

為了進一步推廣理念，我們於一九八七年八月，與「中華民國兒童美術教育學會」李英輔、蘇振明等藝術教育前輩合作，在國立台灣藝術教育館聯合舉行「唱唱、跳跳、畫畫——創造性兒童藝術發表會」。同時將歷時一年半的藝術統合教育研究及十一個單元的教學範例資料彙整，另收納過去已出版的啟發式舞蹈教學資料，集結成《啟發式兒童舞蹈教育》一書，由理科出版社出版。此書為國內首見的本土兒童藝術教育實驗成果，詳實呈現多年來從事「啟發式舞蹈教學」與「藝術統合教育」的實務經驗。

一九九〇年七月，再度成立「兒童藝術統合教育實驗班」，邀請到詩人張溪、資深音樂教育家張義鷹、師專美術科出身的丁肇岑，分別擔任文學、音樂、美術教師，共同合作第二次的教學實驗。設定的目標不再以舞蹈表現為主，而是希望在主題統合的前提下，兼顧各科的特質與獨立性，探討教學發展與創意表現的空間。後來於一九九一年三月、一九九五年三月，兩度在國立台灣藝術教育館和植物園舉辦教學成果發表會，除了於舞台進行展演與座談，也利用戶外空間設置藝術統合教學區，讓現場的兒童可以親自體驗在藝術中玩的樂趣。

引導兒童以團體創作，發展出屬於其自身的舞蹈及肢體語彙，成果會發表於國立藝術教育館，1987。

兒童藝術統合教育成果發表會，從課堂走到戶外的植物園，引導親子創作，1987。

孩子是我們的老師

這幾次的藝術統合教學實驗以及成果展，有成功，也不乏失敗的嘗試，但無論如何，孩子們的表現與成長，都連帶刺激了參與教學的老師們。

孩子是從遊戲中去認知的，唱唱畫畫跳跳是非常本能的表現，他們會聚在一起，吵吵鬧鬧的找出一個玩的東西，畫格子、跳格子，還會自己編說「這是我家的格子」、「你不能踩我的格子」，從無到有再到有架構，從個人到群體的協調及分享，很自然地發展出來，這是生活與生命的成長。藝術統合教育就是從兒童的本能來注入刺激引導，不是讓他們隨便玩，而是多面向製造一個更趣味的環境，來豐富他們的體驗。

教學現場

上課的養分存在身體裡

口述｜高穎琳（藝統會志工，約五到十歲時為溫州街教室藝術統合課學員）
採訪整理｜李立劭、吳家惠、吳佩芬

小學的時候我上的課叫創作統合，先上美術，再上舞蹈，美術課有時還會到戶外進行，跟一般的美術課、舞蹈課很不一樣，比較沒有界限。以當時來說，上課的概念和內容都非常新穎，包含師資組合和進行空間都很有趣。我的爸媽從以前就很敬仰林老師，對她的教學有信心，於是我就來藝文中心上課。有趣的是，小時候不太知道如何跟別人解釋我上的是怎樣的「才藝課」，因為大部分人都沒聽過什麼是「創作統合」。

對當年印象最深的是課堂上的氛圍和自信的感覺，還有氣味的記憶——混合菸味和咖啡香組成的林老師的味道。林老師教課通常會用一個主題來引導，譬如要我們想像自己是雲，或是河流，然後便給予學生空間去探索、發展。當她音樂一放，自己可以做到符合主題的表現時，會對身體產生一種自信，讓我長大後也願意嘗試將身體開放給各種可能。

當時年紀小，沒有意識到自己在上很厲害的課，現在回過頭看，覺得那應該要作為每個孩子必需的過程，因為我自己感覺到小時候上課的養分一直就存在身體裡，不管是使用身體的方式與自信，或是對外在的認知、接觸。林老師的課對我生活中的人際互動、身體的自覺性都有正面影響，重要的是你必須在那樣創意的、開放的環境裡浸泡夠久。

孩子其實是我們的老師，我們從孩子身上去吸收、觀察，依他們的需要以及能力，再以符合他們當下特質的東西還原給他們，從遊戲中去建設，引導他們進一步自我推展。因此教學不再完全是掌握在老師的手心，傳統以老師的尺度去衡量孩童，安排式的套裝課程太可怕了，我們需要推翻它。

當然，創造兩個字大家都會講，但是創造有沒有營養也很重要，必須給予孩子適當的限制做為訓練與挑戰。如果老師們不清楚自己的意圖，在教學上沒有整體拿捏好，一直任由孩子自由表現，就變成放任了！

這樣的實驗教學「本錢很粗」，一堂課要三、四個老師，上完課大家還要留下深入討論，所耗費的時間、人力成本與創意，以體制內的學校教育條件或一般的才藝班，根本無力辦到。我是憑著一身憨膽及理想，才能和教學夥伴一起完成許多兒童藝術教育前所未有

兒童藝術統合班上課情景，左立女童為高穎琳，約二十年後加入藝統會志工行列。於溫州街教室，1986，簡扶育攝。

的嘗試，因此合作教學的段健發笑稱，我們是用大學做研究的規格在做兒童藝術統合教育。

溫州街這個據點，辛辛苦苦耕耘了十年有餘，藝術統合教學從融匯舞蹈、音樂、美術、文學，後來演變成以結合舞蹈及美術為主，最後終究因為經濟及營運等種種因素，無力維持，只能結束經營。我成為「流浪教師」，延續藝術統合的理念，應邀在不同地方教課，也有更多時間可以專注於自己的教學研究，

現在跟當時的教學夥伴回憶起來，一九八六年創始的兒童藝術統合教學，在今天的台灣仍是少見，有的話也變成了舞蹈品牌

化昂貴的課程，難怪當年參與甚深的段健發常開玩笑說：「老師，妳要是這些都研發下來，變成系統性教案來經營連鎖舞蹈班，妳早就賺大錢了！」

08

Chapter

進入舞蹈的教育治療

創意的教學不是天馬行空，
而是對症下藥。

生命場景

約 1988 年迄今｜教授身心障礙者（包含自閉症、唐氏症、過動症及多重障礙）之藝術統合教育治療課程，主要歷經時期：溫州街教室→自閉症基金會→師資培訓實習課→藝統會。

接觸舞蹈的教育治療領域，是我人生驚喜的小轉彎，一路探索到今天。

早年我基於單純的好奇與熱忱，曾在大同育幼院義務指導過院童；其後邀請精神科醫師兼作家的王溢嘉到教室演講，認識了兩個療養院的護理師，便主動提議以舞蹈活動跟精神病患互動。

第一次觀察到的印象是他們不敢隻身在一個空間裡，都要靠著牆，或者抱一個洋娃娃，或者抓著一個東西。我試著靠近他們，還沒說話，有的就先把我推開了。我靈機一動，開始自導自演，播放比較快樂的音樂，自己在那邊動呀跳呀，好像我先瘋給他們看一樣，再趁機去摸一下他們，想要帶動參與，可是他們只是旁觀著，我誰也沒教到。

第二次去，他們比較敢靠近了，偶爾會來碰我一下，但眼神都直直的，讓人摸不著頭緒。我一方面害怕，一方面在思考這個參與的力量要怎麼樣推展出去，內心不斷在交戰。就這樣硬著頭皮上了幾次課，慢慢的他們才願意跟我有一點互動和擁抱，實在談不上什麼成效。

我去了大概三、四次吧，沒有繼續下去的主要原因是沒有固定的空間。我是利用中庭或川堂之類空的地方上課，人進人出很容易被干擾。再加上院方沒有人協助，好像把院生和時間丟給我就不管了。而我因為對院生狀況的不了解，獨自面對他們上課總有一絲擔心。如果那時的環境能配合，我會選擇繼續做下去。但當時院方根本沒有這個觀念，病人進去就是吃藥，越吃越呆滯！不像現在知道用戲劇、韻律、美術這些藝術活動去輔助治療。

接觸自閉症與唐氏症

比較正式進入舞蹈的教育治療，是從溫州街教室開始。大約在一九八〇年代末期，教室開始有一些心智障礙的小朋友出現，跟一般生一起上統合課。阿傑（化名）可以說是第一個學生，來報名的時候，父母怕我不接受，不敢說他是自閉症，只見阿傑活蹦亂跳跑進教室，東摸西摸，沒想到把唱機弄壞了，那時一支唱針五百塊錢，孩子的無心之過，我也只好忍著。上課時，我心想：「怎麼有這麼難教的孩子？都不聽話！」納悶著要用什麼方法教他才好。我不會另眼看待孩子，只是教學的挑戰性變得更高了。既然不懂自閉症，那我就去學，自己看書，到台大醫院觀摩他們怎麼樣教學，把握機會跟醫生和治療師請益，鑽研適切的上課方式。

當時阿傑在台大醫院接受治療師詹和悅老師的治療，她知道自己的學生到哪裡都被人家嫌，特別來教室關心上課情況。她認同藝術統合教育的理念，認為對自閉兒很有幫助：「要讓我們的孩子去體會『情緒』那種抽象的語詞，很難，可是林老師的課利用好像在玩的肢體去表現，讓孩子去感受，像是快樂的球、生氣的球，然後孩子再去把這種感受到的情緒畫出來，能夠理解，這是他們非常缺的部分。」

自閉症孩子的學習不能脫離實際的情境與感受，一定要親自看到、接觸到、聞到，對他們才會產生意義，而且藝術統合的上課方式，讓孩子能帶著喜悅感參與，跟傳統的「上課」、「治療」不一樣。後來透過阿傑的媽媽，沒有多久小玉（化名）進來了，之後慢慢地越來越多自閉兒加入。為了教學品質，一方面也覺得這條路值得繼續研究，我決定跟一般生分班，先由芭蕾老師唐樂莉負責帶，並請她去台大醫院觀摩教學治療。

於是溫州街教室有了兩班專門教自閉症的孩子，完全是統合教學，由唐老師和一位美術老師一起運作。後來唐老師因故未能持續下去，但是孩子的成長不能等，所以由我接棒課程，也跟中華民國自閉症基金會及肯納基金會、樹仁社福基金會等單位合作，不知不覺就一直教到現在。

教學現場

藝術治療與教育治療

文—段健發

「藝術治療」盛行於一九六〇年代的美國，原本就是針對身心障礙者發展出來的診斷與醫療策略。因為越戰期間，投入戰場的美軍歷經漫長耗損，大批身心受創的官兵返國，形成美國嚴重的社會問題。心理醫療界從藝術家的創作行為得到啟示，認為藝術創作的過程有助於人們的身心平衡與健康，因此倡導將藝術作為一種有效的手段，納入心理治療的領域。台灣的舞蹈治療師李宗芹，早期便是於醫院以舞蹈活動帶動精神病友，累積了相當的實務經驗後，再出國取得治療師證照，並將舞蹈治療的觸角，拓展至大眾的心理諮商與衛生教育。

「治療」一詞，或許對林絲緞而言太過沉重，畢竟她並非精神醫療與心理諮商的專業人士，也無意撈過界以治療師的角色自居，但她以多年在舞蹈創作與教育層面上的心得，早就意識到藝術活動與一般人的身心健康狀況有著密切的關聯，也深信各類藝術的介入特殊教育，對於身心障礙者的身心復健能產生決定性的功效與影響。確切來看，她所從事的舞蹈治療研究，應該說是透過統合藝術所進行的「教育治療」活動。

我跟台北市樹仁社會福利基金會的合作，是由我的學生李嫦春居間促成。她畢業於國立藝術學院（今臺北藝術大學）舞蹈系，與「多面向舞蹈劇場」的創辦人陶馥蘭，合作帶領樹仁所養護的身心障礙學生的舞蹈課程，一段時間後，便商請我接手。

樹仁是一個從事身心障礙者福利工作的組織，著名音樂家李泰祥是創會董事長。他們多年來一直為其所養護的身心障礙者規劃藝術教育課程，像是戲劇、舞蹈、音樂、陶藝、繪畫等，其教學成果曾匯集成圖文資料或舞台表演的形式向社會大眾發表，頗受特殊教育界關注。

樹仁的學生有成年的大孩子也有小孩子，以唐氏症居多，我把啟發式教學帶進來，天氣好時，尤其喜歡跟他們在山上的花園上課，引導他們用身體和感官跟環境呼應：「對！身體跟樹跳舞！」「風吹的時候，它會波動喔……」。孩子們會去撫觸花說「花好美！」「花，我愛你！」，會像蝴蝶圍繞花飛舞一樣，攤開雙掌對著花跳著舞著，我則會適時鼓勵他們繼續發展下去：「好美喔！你教老師跳！」

心智障礙的孩子或許在行動上較一般人遲緩，但是他們內心深層感知，和一般人沒有不一樣。在大自然的包圍下，無論年紀大小，他們都洋溢著純真的情感和喜悅，甚至很直接地邊跳邊說「我愛你！」「我愛花！」「我愛大地！」。

教育治療從動作開始

我做的是教育治療，更精確一點說，是「動作教育，舞蹈療育」，也就是透過這個舞蹈療育的課程，加強孩子們在生活中的動作能力。在課程的架構上，先進行扎實的身體訓練，再進入創造性舞蹈的個人肢體表達，讓孩子自由發揮，最後再進到跟群體的互動連結。身心障礙孩子是腦部神經異常的問題，就像說本來是大腦發信號給四肢，但是有地方不是那麼順暢，那麼就用動作來刺激大腦，反向去操作、去牽動，達到教育治療的效能，在舞蹈的同時，學生也可以表達無法說出口的內在感受，獲得幸福感。

身心是一體的，如果身體能力有進展，心理也會有進展；而且舞蹈過程當中有許多身體的接觸，師生會建立起情感連結，這樣的關係可以再促進孩子的進步。就這兩點來看，跟舞蹈治療是相同的。但是對於身心障礙的孩子，我更重視強化身體的機能，也就是能夠控制身體的能力，一旦這部分有所成長，就有機會化為能夠控制生活中其他事務的能力。

在身體的操作上，我會用一組符號形成一個秩序，再給出一個結構，讓他們在這個結構之後能夠脫離原本的封閉狀態。例如，有一個自閉症孩子，很喜歡在空間裡走動，但你可以感覺到他只是在自己的世界裡一直走一直走，對外界沒有興趣，旁人也很難知道他內在的感覺是什麼。既然他很喜歡這樣有移動的動作，我就設計一連串的流動搭配鼓聲來引導，加入一些複雜度，像是有跳躍、有速度變化，跳躍的時候，這個不一樣的動作會帶來刺激，讓他的心裡有感覺，也許是滿足也許是興奮，然後他的力道會變大，移動的速度、步伐也會跟著變大，雖然跟先前走路時一樣是在空間裡移動，但此時情緒卻可以隨動作表現出來了。不過，自閉症孩子能夠承受的情緒張力沒那麼大，所以當他太開心，又會是另一個問題，這時候我就用鼓聲強弱去跟他調頻，要激發他高跳、表現情感，就加快節奏地大聲擊鼓，當他太過激動需要平穩下來，就換成輕柔和緩的鼓聲。

這樣的動作教育，是一個非常細緻的師生互動過程。在前述例子裡，教師跟孩子同調，透過身體的操作，引導他面向外在的世界，先讓他可以表達情感，然後孩子就能夠更確定他對自我的感覺，對自己的身體更有意識，也更意識到周圍的其他人。等到進入下一階段的創造性舞蹈，他的動作和自我表達就會變得更豐富、更有力量。

活化身體操作能力

身體能力是很根本的智能，少了這一層，健康便只是一種空泛的概念。要維持身體能力，就必須要每天去操作身體，在操作時牽涉到全身神經樞紐的連結，會刺激到、活躍到。不管日常做事或其他的身體操作，都是一種治療。我們這些所謂的正常人也是一樣，必須有這種身體操作的能力，知道怎麼樣用身體去跟物體呼應。體制內的教育也有針對身體操作能力的訓練，但是偏單一性與機械性，例如練習拿筷子夾豆子；相較之下，藝術統合教學統整多重面向，用敘事性邏輯及趣味情境來帶動身體操作，更能刺激學習動機。

就我的觀察，心智障礙者的行為表現，普遍存在著動作遲緩的現象，對於速度與空間的知覺與應變較為困難，而且這種現象只會隨年齡增長加重，連同腦力與認知跟著退化。所以我們透過遊戲般的舞蹈肢體激盪，加上多樣的藝術形式來提供發洩、刺激，統合起來一定是有效的，比吃什麼藥都好。

至於身體的操作，則要建立在學生的需求與對他們的了解上，才能設定教學目標，發

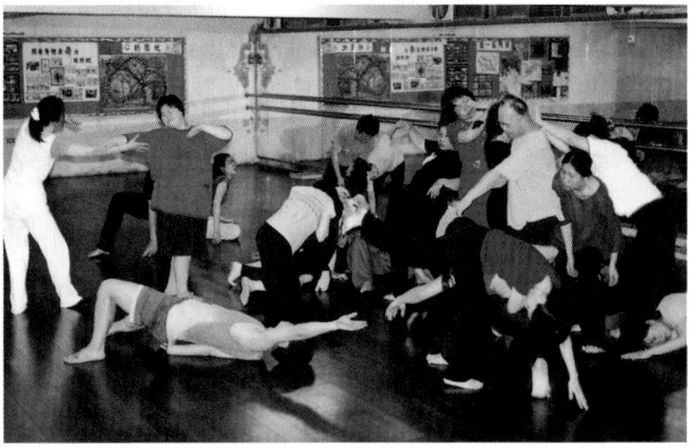

引導樹仁社福基金會唐氏症院生與「開發身體原舞力」學生於永和社區大學課堂一起上課，2002。

展適當的動作策略，有效協助他們。以唐氏症學生來說，他們的身體胖胖的，肌肉沒什麼力量，而最先沒有力就是腳，差不多青年期過後就一直退化。為了維持健康，基本體能、肌肉的使用、力度的轉換訓練都是必要的，不能只是放任他們快樂就好。除了腿部肌肉，更要強化腰部、背部的肌肉來幫忙支撐身體挺直，從地板運動開始演練，慢慢調整，給他們刺激去認知自己的身體。基本能力鍛鍊到了，才能兼顧美感表現。

舞蹈的教育治療講究創意，但創意的教學不是天馬行空，而是對症下藥，效能、趣味、美學，同時都要顧到。老師要抓清楚目的是要給學生什麼，不是跳舞就好。譬如說，有些自閉症的孩子往往在呼吸上有一種特殊的頻率，有時他們流鼻涕，都已經小學高年級了，還擤不出來，鼻涕就悶在鼻腔，好像要死掉一樣。所以我必須想辦法設計動作，把通路打開，幫助他們呼吸順暢，因為他們的口腔與呼吸道都鎖得很緊，重點就是要協助他們把下巴的肌肉跟肺部打開，譬如學青蛙叫「呱！」之類的，什麼叫都來！

但是要孩子去做的時候，他絕對不會乖乖聽話照做，或者也做不到像我這樣「啊～嗚～」大喊出聲。這時，我會頂著他的頭，先用語言引導說「喔～我好愛你喔～好好玩喔～」，再變化音調高低喊叫「哇～」、「啊～啊～」，孩子有時會躲、會掙扎，我就要隨時包圍住他，堅持下去，頂著頭繼續「啊啊～」，他抗拒不了只好跟著「啊～啊～啊啊～」出聲。這時再趁勢手心對手心，把他揮動的手推高，他推我也跟他推，由他主動，好像力量互相在對抗一樣，瞬間他整個對應的張力與身體能量也跟著出來了。教室充滿我和學生們「啊啊啊」的叫喊，樓下辦公室人員打趣說「ㄅㄧㄣㄅㄧㄣㄅㄧㄤˋㄅㄧㄤˋ有夠熱鬧」，有的家長笑說怎麼我好像跟這些孩子一樣大！整堂課下來雖然覺得好累，但也喊得很開心，尤其看到孩子做到了，很享受那個過程。

聲音跟身體的連帶關係，也是自閉症教學上很需要掌握的部分。透過自然的發聲與長短、強弱、音調變化，身體自然連動，產生延伸、收縮、放鬆等連鎖反應，有助於改善呼吸的習慣，強化身體的協調性。但動作設計的難度與策略，必須基於對學生身心狀況的了解與同理。如果老師因為本身身體能力無礙，只用一般性的教學策略，譬如要求「深呼吸、吐氣」，學生單聽指令做不到這些動作，挫折又無趣，反而無法達到幫助復健的目的。

許多身體教學策略，是我長年自己實驗來的，而且人越老越遲鈍，即興能力越差，就更要去練，去探索適合的途徑，這也是當老師的責任。我常常自己實驗一些奇奇怪怪的東西，實驗到了一個程度，再想怎麼樣教給學生，對他們會有幫助。像跟自閉兒上課的這種吶喊，事實上我也很喜歡，會大清早到家裡附近的公園嘗試各種方式，練到太忘形被女兒抱怨：「媽，妳多難聽呀！人家睡覺都被妳吵醒了！」我也會練習從口腔發出有點像漱口般的聲音，「咕嚕咕嚕哩哩囉囉……」，漸次增強，從肺部到鼻腔，再共鳴震盪到後腦，整個後腦好像被打開了，那種聲音是一種能量，說起來很抽象，但是很有用。

順勢推展的圍攻教學

中華民國自閉症基金會當年在台北芝山捷運站附近的所在地，頂樓加蓋有個空間不大的教室，我應詹和悅老師的邀請與基金會合作，在此運用藝術統合的概念，進行自閉症兒童的教育治療工作，也開設「親子統合班」。美術老師吳純貞長期與我合作，視課程設計有時也會加入戲劇老師搭配。這裡的課程以三或四個月為一期，每週兩個時段，分大、小兩個班，對象是學齡前到國小中年級的兒童，每班理想上是六到八位學生。每堂課一個半鐘頭，教學的時間分配大致是先一個鐘頭的肢體活動，剩下的半個鐘頭再由美術或戲劇活動介入。

自閉症的孩子十個有十個樣子，單是要把學生集合起來上課，就需要策略。如果是親子教學，我會先帶動家長們放鬆暖身，差不多十分鐘，先安頓好家長的身心，再引導他們去協助整頓孩子的情緒。讓這些站著、蹲著，或是走來來去、不停跑動的孩子安定坐下來，我先示範引導家長如何從孩子的背脊、脖子這些地方，好像按摩一樣的撫觸讓孩子放鬆，再開始正式上課。

教師做好班上的情緒整頓很重要，才能避免學生失控，影響教學及師生間的關係。在這個整頓過程中，不能用力去拉扯孩子，硬是勉強他們規規矩矩過來上課，而是要順著他們當下的動態力量去發展。比如孩子有時會來拉你，他拉的時候就順著不要主動，看看孩子怎麼拉、怎麼推，然後順勢用身體「黏」他與他互動，不去主導，而是讓孩子自動去做。這個開始的步驟能夠幫助他們調整情緒、產生信心、減少抗拒，漸漸就放鬆下來。如果孩子在跑，就慢慢靠近他的背或肩膀跟著跑，然後一邊跑，一邊把跑動範圍縮小，慢慢包圍住他，再貼著他的肩膀搖動，搖呀搖的慢慢進入兩個人的互動，順應孩子的動作跟著他的力量去推展、引導。

我常形容這是「圍攻」教學，不能一直想要去操作孩子，強勢干預，硬要他做動作，重要的是讓孩子能自動的跟老師互應。在過程中，不管孩子是蹲著停滯，或是興奮躁動，他們本身會自然出現一些動作，大人也可先跟著模仿，呼應他觀察他，再順勢引導。

等到全班差不多整頓好了，大家一面繼續動作，一面慢慢地靠攏在一起，很自然的進入「上課」，然後群體手牽著手放鬆的搖晃，語言跟動作一起搭配，作情境的引導，譬如「搖啊搖，搖到外婆橋，外婆說我是一個好寶寶……」。當孩子配合上了節奏，找到一個瞬間大家就坐下來，轉換成以雙腳用力踏踩「碰碰碰碰……」，自然而然就集體進入體能訓練的階段。同樣的，即便是訓練身體操作能力，一樣要有趣味的引導，譬如「拍拍腳、踏踏腳、大腳丫！」腳就伸出來轉動關節，或是「拍拍手、你拍我、我拍你」，引導孩子跟家長或其他孩子對拍，就這樣子一直吸引孩子。從這裡連貫下來，一步一步進入結構性的教學情境。如果他們越合作，動作就越加深，訓練更技巧化、能力化的東西。

孩子個別進入情況後，就可開始與他人互相合作的架構。譬如，「好朋友，手牽手」，大家牽手先圍成大圓圈轉呀轉，然後由我引導帶開變成一道手牽手的人龍線條，拉動線條在空間裡呈曲線跑動，接著讓某處牽的手抬高變成一個洞，「火車要過山洞囉！」，讓牽手的隊伍鑽過洞，下一步可能再變化成倆倆面對面搭手變成長長的大山洞，從隊伍一端輪流鑽過去，鑽到另一端就要重新搭手變成洞，換別人鑽，而且洞會越來越低，最後變成在地板上趴著身體去鑽，全身都運動到了，然後再由此繼續發展。

老師越教越聰明

上課一定要有計畫，設定教學大綱，重要的是還要能隨時變通，先整頓學生的情緒再教學。如果孩子明顯冷在那裡，沒有興趣，怎麼辦？或者，如果孩子有所突破，現場可以怎樣順勢再強化能力？這些都是沒辦法套公式的，必須當下憑著經驗和創意去應對。下課後我也會反省，評估哪裡沒做好，接下來該用什麼策略與步調去執行才能提昇教學效能。學生的年齡層不同，教學的重點當然不同，像前面所舉的例子便是針對學齡前的兒童，至於小學階段的孩子自律與遵守規範的能力較強，不像學齡前的孩子那麼自我，就會採取比較直接的方式，而且更強調與他人的合作架構與互動。

自閉症的小朋友往往會有意外的表現，有時我上一堂課教過的，想在這堂課測試一下，看看他們的能力與進展如何，當音樂一放，常常發現他們很多動作都抄襲前一堂課學過的。有的學生則是這堂課根本不理人，但是下一堂課，他竟會表現出上一堂課教的東西，真的很好玩。

這樣的教學過程充滿樂趣，讓我清楚體認到，老師絕不能因為孩子當下呈現的狀態，就馬上下評價，低估他們，反而要抱著希望，懂得變通，隨時發揮創意調整因應。譬如，運用身體的搖晃來激發、訓練，首先可能讓他們坐著，「搖啊搖、搖啊搖」，配合雙手輪流抬高，帶動身體左右搖晃，接著編一套語言輔助說「搖、搖、搖，變成一塊大～板」，引導大家直直的躺下來，然後再「板、板、板，變成蹺蹺板，腳翹起來呀」，讓上半身和下半身一上一下搖晃，這樣腹部的力量就訓練到了。這些都是當下呼應學生的狀況臨時去編的。

所以老師會越教越聰明，反應力會越來越好。如果能帶動好這些心智障礙的孩子，再來教一般的孩子，會覺得很簡單！

教學現場

讓孩子用身體的感覺去表現

口述｜吳純貞（兒童美術造形教育教師，長期參與自閉症兒童藝術統合教學）

我和林老師都會事先商討教學目標和大綱，了解她想要進行什麼樣的肢體活動，再設計搭配的美術內容。比如說，如果林老師要強調重量感、力度的運用，肢體上要求孩子重踩地或者拍之類的踏實感，我在美術的部分可能就會用陶土或紙，或各種能想到的材料，讓學生在美術活動中做拍、踩、踏等動作，用身體的感覺去表現。

自閉症孩子很多無法用言語表達自身的感受，但他們對很多事情其實很敏感，透過舞蹈或美術活動，讓他們用身體去感受，也透過身體、美術去表達自我的感受。教學時，光用眼睛看或說吸引不了他，那就要給一些刺激性強悍一點的東西。像冰塊就是很直接的素材，讓他去體驗冰冰的感覺，用手摸、用臉頰碰，身體有很多部位都可以去感受。

通常美術比較是配合、輔助的角色，有些單元事前準備、事後收拾整理的時間，比我真正上課的時間還長。若是陌生的媒材，或是新的單元階段，我會讓他們以探索或遊戲的角度來進行，強調過程勝於目的，不會要他們去畫一張圖或做一件作品。等到一段時間夠熟悉了，或者是班級的年齡層夠大時，才會引導孩子進一步做比較主題式的表現。

擇善就要固執

在中華民國自閉症基金會進行的藝術統合教育治療活動，常常出現一些大費周章的課程設計。有一次，我們在地上全部鋪上塑膠布，又放漿糊又堆冰塊，八個孩子八大塊，就在那裡滑來滑去、滾來滾去。漿糊黏黏的，冰塊濕濕冰冰的，跟身體產生很強的對應感覺。這些五、六歲的孩子，很喜歡這種推、溜、滑的刺激感，換成是大人就完蛋了，一定會跌倒、害怕，但是孩子們跌倒又爬起來，會去找著力點來平衡，他們整個身體會去感受如何讓自己不跌倒，到最後變得很厲害，在那麼滑的地方，用跑的都不會跌倒。當冰塊融化到一定程度，我們再把顏料加進去，漿糊都變成彩色了，孩子們興奮的把漿糊往身上塗抹，衣服黏答答，最後乾脆都脫掉衣服，很可愛！

孩子們在這整個過程中，因為媒材的影響，身體自發性的產生很多動作，活用了身體的能力，我們的目的就是要賦予直接的感覺和反應，刺激視覺的意象、觸覺的操作等等，而不是要他們在形式上做一些浮面的東西。現場好像在「亂玩」，但我看到的是人的潛力，是單純的身體操練意想不到的。

教他們就是有撇步用到沒撇步，想破頭，從結果上再繼續推演，朝多面向的領域發展。類似這樣的活動，之後曾經用上棉花，再加米粒做雪花，弄得全教室都是，然後再放水，最後再加嬰兒油，孩子可以拍、拉、揉、搓、滑、滾……。一堂課的準備和善後，比實際上課的時數多得多，但是想要達到教學效果，當老師的就不能怕麻煩，家長也一樣。

這些自閉症的孩子天真、自然、直接，帶著一種莫測高深的質地，教室中永遠會有無法預期的趣味與驚奇。有一次無尾熊老師（吳純貞）帶他們進行美術活動，要玩丟顏色的遊戲，一個英文很強、會看原文書的高功能自閉症小男孩，振振有詞說：「妳又要來亂搞藝術！」

「那你認為要怎樣？」善於引導的無尾熊老師回應。

「要做好藝術！」

無尾熊老師順勢要求學生們舉手表決：「要亂搞藝術的舉手！」結果多數贊成，吳老師便說：「那我們就先來亂搞藝術，再來做好藝術！」課程於是歡歡喜喜的展開。

每次跟這些孩子上課都是在鬥智，也是鬥志，下了課疲憊到幾近虛脫，但上課時間一到，又樂在其中，生龍活虎。對他們接觸越多、了解越多，我就越教越迷了進去，對生命產生一種尊敬。原來，人就是那麼妙啊！

教學現場

滿足「想玩」的欲望

口述—吳純貞（兒童美術造形教育教師，長期參與自閉症兒童藝術統合教學）

自閉症孩子想玩、想探索，是需要被滿足的。當這個部分沒有被滿足，他每次看到這個東西就會想試試看會怎樣，不小心就變成破壞。當他知道老師每次都讓他盡情的發揮，自然就會想去追求、想去創作、想要去做好這一件事情。

美術活動設計的感覺遊戲，不能帶過就好，我會嘗試不同方式，再結合、再擴大、再深入。例如玩顏料或漿糊，我會先做手的、腳的，然後手腳並用；或者先玩比較小面積的，再玩地上的、牆壁上、整個空間的，有時光是玩漿糊就會玩好幾堂課。最主要是因為有的小孩可能有觸覺防禦的現象，或者是恐懼那種黏黏稠稠的感覺，就要讓他多嘗試；又或者有很愛這種感覺的，每一次都沉溺其中，玩到無法收手，我就會讓他盡量滿足，玩夠的時候自然就願意停下來。

當然我也不能期待他們這樣經驗過後，就會想要去畫好一張圖，這也不是我所期望的。只是在那個當下，他可以去發展他的感受，或者可以很喜悅，那就蠻好的了。自閉症的小孩有時候情緒會悶著，來上課哭一整堂，家長也想不通原因：「他不知道想到什麼傷心的事，就哭了。」孩子應該是有一些觸動，很難去解釋，所以像這樣的美術課，多一些遊戲、多一些體驗、發洩的東西，對他們蠻重要的！

看林老師上了年紀，還拚著老命在教，我很感動。人一輩子可以這樣去執著一件事，看到那種使命感，及不斷反思求進步的精神，以及孩子們反饋給我們的感動，儘管遇到許多麻煩及挫折，但也都是值得的。

09

Chapter

所謂的「正常」

一枝草，一點露，
到處都是路！

生命場景

約 1988 年迄今｜教授身心障礙者藝術統合教育治療課程，主要歷經時期：溫州街教室→自閉症基金會→師資培訓實習課→藝統會。

多年前，我應邀到花蓮支援肯納園★的親職教育與教學，在那兒意外的與過去在溫州街教室的自閉症學生重逢，曾經弄壞教室唱針的小男孩阿傑，以及很有繪畫天分的小女孩小玉，都已經是二十多歲的大人了。隔了十多年未見，他們外觀上所顯現的變化，讓我嚇一大跳，而原因不只是「長大了」而已。

讓身體教育長期介入

他們倆都是所謂的高功能自閉症，這樣的孩子比如說英文講的很好，也能讀報，可是不懂文句的意思。他們從四歲多開始跟我上課，阿傑瘦瘦的，日本歌唱得很好，從藝術統合課練到可以跟別的老師上芭蕾課，整個肌肉很健康，人也很挺；現在他一樣瘦，但是身體變得歪斜，唱起歌哼哼啊啊，身體也跟著抖。小玉原本瘦瘦的卻變胖了，跟小時候靈活的模樣比起來，感覺很鈍。這十多年間，他們的父母在教育上都很用心栽培，孩子都有不錯的能力，小玉繼續發揮美術的才華，作品在日本的比賽得過獎，還開過畫展。但是就我長期從事身體教育的眼光看來，深深感慨他們的身體能力都退化了，非常需要重整。

台灣一般教育的「主智」現象，同樣出現在特教界。心智障礙學生對於傳統學科的學習本來就是弱勢，若依循成人對普通教育的期待去求取學習績效，很容易造成學生失衡，使情況更加複雜。我教過的孩子有人進入國中階段以後，由於家長太過注重讀、寫、算的

激發學生動能有助於維護其基礎的身體操作能力。於藝統會象山教室，2019，吳家惠攝。

學習，忽略了身體動能的訓練，造成壓力，孩子變得緊張、缺乏自信、急速退化，甚至衍生躁鬱等身心症狀，以前的訓練都付諸流水，非常可惜。所以只要有機會跟家長接觸，我都會再三強調：「孩子快樂健康最重要，有這些自然就有能量面對生活。」

心智障礙人士需要更多的動覺刺激與愉悅的經驗，來增強體力與健康度，帶動身體能力的發展，才可避免腦部功能的退化。但在他們的生涯規劃中，長期的身體教育，並未受到重視。對我而言，工作也是一種治療，得以維護基礎的身體操作能力；而特教界或家長傳統的就學、教養觀點，太過安逸與保護的環境，若沒有拿捏好，反而限制了這些孩子的健康發展。

★肯納園由詹和悅老師與四位家長於二〇〇一年在花蓮壽豐鄉豐田村成立，希望提供自閉症子女和家庭一個自給自足的終生教養環境；二〇一五年轉型為社會企業，後並在桃園龍潭建置肯納雙老莊園。

從舞蹈律動中帶出孩子身體該有的生活能力。於藝統會象山教室，2019，吳家惠攝。

站上木箱在小空間定位，訓練身體的定力及凝聚力，進而帶動心靈的專注力。於藝統會象山教室，2019，吳家惠攝。

找對溝通的方式

在造訪花蓮肯納園期間，還發生一件讓我印象十分深刻的事。我要騎著腳踏車出去逛，有一個叫阿良（化名）的男生主動說：「那裡有一間廟。」我說：「老師跟你去好不好？」他回答：「好啊！」我提醒他：「你要保護我喔！我不太會騎。」我跟在他後面，真的，他騎一騎就回頭看我，一路上都這樣，很保護我。

到了廟裡，他說：「老師妳要拜喔！」我說：「好！要拜什麼啊？」他答道：「嗯，看妳要什麼啊。」然後很熟練的合掌拜拜，我也跟著他拜。問他拜什麼？「拜我要快樂！」事實上，那時我也祈禱這些孩子能夠快快樂樂的。

廟裡貼了一大堆規矩、簡介的文字，他都能一字不漏的唸得很好，但唸完卻回頭問我：「老師這是什麼？」我頭大了，不知該怎麼回答，只好矇混過去：「就是講這個嘛！」

後來回到肯納園的會議中心，有一個老師拍他肩膀問：「阿良哪！你去哪裡呀？」他竟回應：「你不要性侵害我！你不要性侵害我！我要去報警喔！」我整個人傻在那邊。

阿良這個高功能自閉兒的表現，讓我更加確信，脫離了實際的情境與感受，對於自閉症孩子的學習是沒有意義的；文字本身是抽象的符號，知道符號不等於了解符號代表的意義。本來人類的學習就是從具體到抽象的過程，能認讀文句不必然導向文意的理解與應用。

認知能力是會隨著身心的成熟度而有所進展的，對於智能障礙或自閉症兒童的學習，如果用「竅門」的概念來比喻，每個孩子其實都有一個竅門，都有可能「開竅」，只是相對於一般所謂的正常人，大部分的竅門都在同一個位置，心智障礙兒童的竅門則是分散在不同的地方，甚至隨時會移動，所以老師或家長就得努力去找，必須很用心的觀察、尋找、測試、印證。

自閉症孩子的困難是出在人際溝通上，因此在和他互動的過程需要不斷的去試、去發掘，看到有反應就要繼續去掌握、強化。一般人往往習慣用談話或書寫的方式進行人際互動，但自閉兒在這方面較為弱勢，他們的表達，深深埋藏在肢體語言裡。所以我會從他們的表情、姿態與身體操作狀況，去觀察、了解，然後看怎樣再刺激進去，給予協助。

像他們洗盤子的時候，沒兩下盤子就ㄎㄧㄣㄎㄧㄣㄎㄧㄤㄎㄧㄤ的放下，沒洗乾淨，他是不想洗嗎？如果仔細看他們的動作，會發現問題可能出在沒辦法掌握拿盤子的要領，洗的時候手要拭、要翻轉，但他們彎著頭、肩膀提得高高的，力量沒辦法透過神經掌握到重量感去協調操作。那麼下堂課我就發展幾個適合的身體操作，來刺激他們的腦下垂體，強化機能。

一枝草一點露

身心障礙者，儘管外在條件或表達能力不如一般人，但深層的「心靈」跟一般人沒有不一樣。他們是生命，而用「正常」與「殘障」區分生命毫無意義。長年旅居國外的特殊教育前輩楊思根教授，是詹和悅老師的老師，也是我非常尊敬的身心障礙療育先進。在花蓮肯納園的一場親職教育講座上，他就從生命的角度對家長進行心理建設。他問家長：「生命是怎麼來的？」大家沉默著都沒有講話。他往桌上拍了一下，繼續逼問：「我問你們，生命是怎麼來的啊？」有一個家長答說「生命是一個文化的延續……」種種的，楊教授點點頭，又說：「但，最頭的生命！最頭的生命是怎麼回事？」這個問題好像簡單到不用講就知道，大家都搞不清楚該如何回應，我也不怕講錯被笑，脫口說出：「生命就是自然呀！」

「對呀！生命就是自然！」他附和道。他希望家長們認知到生命就是自然產生的，今天這個生命跟著你來，你必須接受他。「你說，孩子怎麼去比呀？那些很聰明很聰明的人，高高在上，發動戰爭，給你丟一個害死人的東西下去，底下死了幾千幾萬都不知道！沒有人性。我們的孩子是稀有的，很和平的，你知道嗎？」

楊思根教授曾經提過一個「種樹拔草」的觀念。一片空地若沒去處理就會有很多的雜草，努力去拔卻又很快長出來，很難處理。就像小孩子的一些錯誤行為一樣，大人若只是一直去訓誡、糾正，就是永遠拔不完的草。種樹就是教孩子去做一件好的或適當的事情，鼓勵他去做，種滿了樹，雜草就會自然消失掉。即便雜草仍然存在，也會因為種了很多漂亮的樹，就看不到那一堆堆的草了。

面對這些不一樣的孩子，需要用比較正向的方式去看待，而不是硬要把他們弄成跟「正常」的人一樣。詹和悅老師曾經有感而發的說：「自閉症是天生的問題，缺失一些能力，這是自然，不存在做『復健』就可以恢復。我們應該要去認識他原本的樣子，認識了以後，再想怎麼樣去開發他的潛能，用肢體動作、用藝術統合教學就是其中一種方式。如果他還沒辦法跟人家群體一起跳舞運作，那就先讓他獨自表演，總之先把他的潛能開發出來，而不是只在乎他本來有的能力不好。要去肯定他這個生命，接納他的自然。」

當然，身心障礙兒童的家長長期背負壓力，不是旁人一句「和正常沒有不同」就能解除日常的現實，他們普遍需要心理建設與支持，而身為教育者，更絕對不能用二分法簡化「人」的複雜性與真實性。說起來，智能障礙者所呈現的鈍拙，自閉兒所呈現的溝通能力缺陷，其實在一般人身上或多或少也看得到，只不過是障礙程度不足以成為典型罷了。

我很不喜歡把一個孩子定型，說他一輩子就是這樣。人是會變的，只要你給他「愛」，一種引導他的空間，回應他的特質與需求，人都是會變的。就像台語講的「一枝草，一點露」，到處都是路！

教學現場

優勢學習

文—段健發

彰化師範學院特殊教育系的萬明美教授與她的兒子合作拍攝了一支名為《黑暗中追夢》的紀錄片，詳實記錄了萬教授多年輔導的個案，他們都是全盲兼具自閉、智障、語言障礙或全身癱瘓等多重障礙的青少年，也都是具備特殊才能的成長典範。在家長充分的接納與支持下，他們各自發揮諸如音樂演奏、記頌萬年曆與寫作上的優越才華，最令人感動的是父母在教養過程中所展現超凡的耐心、毅力與愛的光輝，成就了可能。

在一場紀錄片映後討論中，國內自閉症權威台大精神科醫師宋維村，便真誠分享對家長的期勉：「上天就是相信你們有這樣的能力，所以才把這樣的孩子放在你們的手裡，讓你們去幫助他們。」對於宋醫師而言，沒有人是完美的：「我們不過是一個殘障的人去幫助另一個殘障的人。」

特殊教育近年來的發展趨勢，已從「缺陷」的觀點，轉移至「成長」與「優勢學習」的觀點。由於缺陷所帶來的特殊學習方式，也可以為教育界提供啟示。正常人的學習百分之四十靠視力，較之視障者在觸覺、聽覺的敏感度，以及其他障礙者利用其殘存能力，所發展出的學習策略，未必更高明或占優勢。生命會自尋出路，當人們願意轉換視角重新去看待特殊兒童時，就會在有限中看到無限，在障礙與缺陷中看到發展的可能性。

缺陷或許不能改變，但障礙的程度可以改善。因此，教師要設身處地，用心理解他們的獨特性及需求，尋出合適的溝通互動之鑰，來找出他們適應社會及發展的最佳學習模式。

藝統會北投教室（逐風農場）的美術創作教學，2012，藝統會提供。

特教老師也需要藝術

在體制內的特殊教育，身體能力的強化並沒有缺席，會強調生活自理與操作能力的訓練。但是在實際的教學中，家長的期待與教師們多數仍偏重認知上的學習，即便知覺動作訓練，也多半是一些重複的機械性操作，很難長時間引起學生的學習興趣。

特教老師不懂藝術，會是體制教育之中的一個困境。事實上，由於藝術表現的多元與趣味，國外特教界運用塗繪、音樂、舞蹈、戲劇等活動融入教學十分普遍，然而國內特殊教育師資培育，並未對這些藝術活動有深入的探討，以致教師只停留在新奇與趣味的浮面意識上，加上自身創作與審美經驗的貧乏，無法清楚掌握藝術的功能與教學目標的關聯，以致很難有效提昇教學。想想看，如果一個老師連自己的身體肌肉運作都不清楚，如何在實際教學中對症下藥，幫助學生？

碰到來跟著我上課的特教老師，我都會鼓勵他們要有鬥志，勇於接受挑戰，多接觸藝術。想要長期投入，就應該對特教工作的本質有所體認，並建立高度的自我肯定。否則，但憑一時的熱情，或執意於浮面的績效，遇到挫折就退卻，將無法累積教學的經驗與智慧。

我不在校園體制內，好處是能夠專心進行自己感興趣的教育治療研究，但相對的，個人的力量有限，比不上體制教育的資源與影響力。有時把學生的能力調整進步到一個程度，當他們進了學校念書，不再來上課，再見面時，可能某些身體能力明顯退化了，這種情況一再發生，讓我深感無力，很捨不得。

身心障礙者的教育與治療工作，需要專業團隊的高度整合，在身體教育這一環，如果特教老師本身力有未逮，那麼特教界是不是能號召更多藝術與體健科系的專才加入，積極進行教育的整合？公私立教育與學術機構不乏有心人，在各自的領域從事研究，但是沒有進行有效的統整，大家各做各的，這是長久以來的困境。希望大家願意拋下各自成見，一起合力來做，不然都是斷層。

Part Four

生命的賦格

於藝統會象山教室帶領暖身，2020，李立劭攝。

10

Chapter

開發身體原舞力

這是一種美學的教育，
生命的脈動。

生命場景

1999 年迄今｜教授「開發身體原舞力」課程，於新北市永和社區大學，每年皆有一次創作成果發表。

「開發身體原舞力」是我應邀在永和社區大學開設的課程，從社大創立第一年就開始。我非常認同社大這種由民間推動，將文化與學術「下放」到常民生活的做法，實踐教育平權、藝術平權，學習資源得以跨出正統的學院，讓教育擁有更寬廣的自由度與開放性，一般人都可以親近。

延續早年婦女班的教學經驗，加上一九七〇年代所提出的「生活與舞蹈」以及「啟發式舞蹈教育」理念，「開發身體原舞力」像是總合了我過去的教學，但更為凝鍊，希望藉舞蹈的功能，作為成人教育的手段，啟發學生從遊戲中認知自己的身體，開發潛沉內在的生命力，並能由此在生活中開闊審美的視野。課程是在福和國中的韻律教室進行，每堂課二個半鐘頭，內容涵蓋肢體與肌肉的基本運用、肢體在二度與三度空間延展的探索，以及結合節奏、旋律、空間等元素的即興創作。

大人重新學習「玩」

通常一開始，我會放一首輕柔的樂曲，讓學生輕鬆的躺著，靜靜放鬆，把白天的壓力放下，調整好上課的情緒。接下來便是長達一個多鐘頭的熱身與舞蹈體能訓練：調整、對正身體結構、呼吸，核心力量的提昇，腹、背、腿等大肌群的訓練，或立、或坐、或躺臥，講求和緩的延展、收縮到快速的節奏轉換、移位，磨練動作、力量與內在的連結收放。稍事休息後，再接續後半段的課程。教學節奏盡量保持緊湊，主要是避免學生已整頓妥當的身心狀態冷卻，影響後續的運作發展，同時也比較能排除運動傷害的發生。

在後半段的教學中，一定會安排二到三種個人、人際與環境的創作體驗活動。根據對社大成年學生的了解，我把基本的關注點放在活化腦力與身心的自我調整能力；此外，針對現代社會的功利、自我意識產生的疏離現象，也將群體的互動架構關係以及空間、環境的探索納入課程。

教大人和教小孩不一樣。我這麼老了，但是很愛教孩子，那種腦力激盪，頭腦無時無刻都在答、答、答作響，不能輸給孩子，在那種情境下，當老師的創意瞬間就會被刺激，爆發能量。教社大的成年人則不同，他們很多已經僵化了，有很多無形的框框束縛，沒辦法自在的展現，我必須設計好怎麼引導，讓他們轉出來，學習去重新認識身體、感受自己。比如我會向他們形容身體就像一個圓形，有很多面向，拉直可以向上延伸，也可以往下扎根，要把這些面向都打開來，聽起來有點抽象，但有助於引導學生對自己的身體做出具象的觀察，進而接納身體的所有一切。或者，當他們在自由身體表達時卡住了，可能我會讓他們四肢並用去「撞牆」，拿捏好撲向牆壁的反作用力，順著力道變化用各種方式嘗試打開框架，這是一種身體的冒險，會帶來強大的釋放，一次次的強度累積，直到某一刻體內不知道的莫名力量瞬間爆出來，那是很精髓的東西，但是需要學生自己再去體會、再去整理。

關於空間架構等美學相關的問題，一些很基礎的他們不一定知道，我也要幫助他們建立視野。譬如，讓他們玩球。利用特教界知覺動作訓練常用的塑膠球，讓學生輪流用身體接觸球，感受球的質感及運作的關係。起先是以趴臥的方式與球接觸，進行較為平面式的移動；再發展下去便加上蹲坐、站立等三度空間的立體運作。只見一顆顆球不聽使喚的到處滾，一群大人手忙腳亂的滿場追。要把球當成身體的一部分，有意識的拓展到在空間中運作自如，同時敏銳覺察他人與球在空間裡的流動，彼此不干擾，絕對不是件簡單的事。但就是需要這樣多管齊下的刺激，幫助他們啟動那些已經睡著的能力。

有時候，我們會改到附近的永和四號公園草地上課。大家光著腳，站立靜聽，感受周遭的氛圍，慢慢的蹲觸、趴臥，將全身的重量交給地面，用呼吸、心跳與大地的脈動結合，緩緩的蠕動身體，變化重心與姿態。天空、草皮、空氣、樹木、聲響、風吹，都成了對話者，最後眾人從小丘上翻滾落下，再運用身體的力量逆向滾回丘頂，從黃昏舞到城市燈火喧囂。人本來就跟宇宙、自然是結合的，跳舞的人很有必要在戶外體驗身體的運作，人在戶外跳，能量要更大，感官會更敏銳，這是悶在制式的動作、制式的空間中無法意會的。

不只是舞蹈

站在教育美學的觀點，要使學生時時刻刻都有愛護美、講求美的能力，舞蹈可以說是最直接也最困難的。從動作到旋律到身體知覺，還有視覺意象、觸覺、操作，都是一體的，本身要夠清楚才能掌握得好。有的人也許擁有很多知識，但是一輩子不知道自己的身體該如何擺放，這跟個人有關，跟教育有關，也跟家庭文化背景有關。

身體美學是人本教育的一環，就拿我的舞蹈來講，我不是先有舞蹈，而是對身體的種種感覺先有一種原發的律動，覺察身體內部以及人與人、人與環境之間種種的呼應力量，在很自然的一種張力、放鬆過程中，用身體去感應，因而動作，因而舞蹈。

舞蹈是內心的、深層的、有機的，這也是為什麼我從學生做出來的動作、造形，就知道這個人大概是什麼狀態。老師不是引導動作，而是啟發思維，從一個意象、情境去引導學生探進身體，幫助他們去推展、認識、延伸一個律動，用身體繪圖，這是一種美學的教育，生命的脈動。

這種教育從小就要訓練。台灣的空間越來越小，用車子代步，手機滑不停，嘴巴嘎嘎嘎一直講，身體卻沒怎麼在動。一般的運動，可能講究保健、競賽或休閒，有一種功利性的目的，把身體鎖在重複性的鍛鍊，沒辦法像舞蹈能同時觀照這麼多面向，像是水流的波動、轉換跟反射，形成自然的身體脈動。

帶著學生玩身體，以即興相互激盪，看起來似乎感性又隨興，但其實有著強烈的理性思維貫穿，因為教育本身便是一個科學性的思辨過程。當老師的要很清楚身體的科學性三度空間及地心引力與脈動，還有，必須在教學時把這些身體觀念講清楚，讓學生的身體能夠以自己的意象、感覺去演變。舞蹈若只是一直操練形式動作，以舞台表演為目的，就算跳得再出色也未必能了解自己的身體與心靈。

舞蹈界明顯將我與學院派的舞蹈專業劃清界線，也有人根本沒看過我的教學，就很不屑的批評我教的舞蹈是運動，這麼多年下來，面對這類「專業」的傲慢，我也懶得辯了。我在做的，本來就不是走學院那一套，要編一支舞讓社大學生整整齊齊跳不難，但這不是我想帶給他們的。如何從「生活美學」與「教育美學」的立場出發，透過遊戲般的舞蹈，把身體動能、審美覺知解放給他們，即使離開教室，這些能力、關懷都能長期相伴，甚至再延伸出去，這才是我思索的方向。

「開發身體原舞力」課程是身體美學教育的社會實踐，最上圖前排黑衣者為兒童美術教師吳純貞。於永和社大，2019，李立劭攝。

教學現場

很人生的舞蹈課

口述—吳純貞（兒童美術造形教育教師，「開發身體原舞力」學員自一九九九年迄今）

我從小就對身體很不熟悉，國中時加入土風舞社，永遠轉來轉去搞不清楚左右。發現社大有這門課，從一開課就高高興興去報名，上到現在。

第一學期上課完全不知道怎麼辦，林老師拍個節奏，大家就要用身體表現，我跟老師說我不會，她根本不理我，她說「你會！」就拍下去了，就這樣被逼著做。

那個經驗讓我聯想到自己在教美術的時候，會堅持孩子要度過某個難關一樣，小朋友會感受到，就像感受到我越過那條線之後的海闊天空。我原本同手同腳，現在幾乎可說是上下左右互通了！

上林老師的課常常要跟很多人互動，要共同合作，不是純粹自己跳得起勁，還要去感覺到他人、感覺到空間，看看後面、前面、裡面……，我覺得那是很人生、很生活的！社大的同學大家都一期一期的上不想畢業。

口述｜劉敏（早療繪本課教師，視多障青年肢體開發教師，「開發身體原舞力」學員自二〇〇三年迄今）

二〇〇三年，我在社大上國民美術課，美術老師跟林老師彼此相識，兩人有一天決定「我們的學生來交換上課一次」。那時，我根本不知道林老師這個人，沒想到一上，就覺得好有趣，怎麼有這種舞蹈！還要跟別人互動！後來我就報名了。

林老師是肢體表達比語言強的人，有時學生聽不懂意思，她會自我調侃說：「哎呀，我用跳的比較快啦！用講的話，活的也會被我講成死的。」她的說明簡短，多半只講力量的運作原理和關鍵字，「講很多，你們就會被限制了。」她講的關鍵字其實是基本的核心，當她在我們雙人即興時提醒「拓展空間！」，怎樣才是「拓展空間」呢？你必須自己去想、去試。所以上這堂課要很細心，時時自我覺察，我就是這樣被開發過來的。

口述｜姜春年（插畫與繪本創作、兒童美術及特殊藝術創作教師，「開發身體原舞力」學員自二〇〇六年迄今）

上林老師的課對我有一個很重要的啟發，就是重新認識我的身體，在這個過程裡，以前總覺得哪裡不好的想法都不見了，變得可以接受身體的全部。她還打破我對年齡和工作的看法，一個六十幾歲的老人教舞教到八十幾歲還在教，所有的基本功訓練都親自帶著大家一起做完，散發的能量和魅力非常令人驚豔！也讓我對自己的未來有了不同的想像。

每次林老師講解一個動作、一個結構，會用一些像是對比、對稱、高低、輕重等帶著立體層次感的詞，我想那是因為她的背景薰陶不那麼純舞蹈，而是統合性的藝術概念，所以她的講解帶有許多繪畫、雕塑、音樂的脈絡。尤其她在音樂選擇的準確性上超強，她的厲害是能從音樂裡面去「看到」舞蹈，看到要我們做的東西，清楚隨著旋律的變化身體要怎麼在空間流動。我曾經實驗同樣的動作概念用別的音樂來做，換了很多音樂，就是沒有林老師的版本完美。這一點，啟發我重新看待音樂跟我設計美術課程的融合，音樂不是配樂而已，而是要為整個教學情境的質加分。

打破同溫層的交流平台

這堂「開發身體原舞力」的課，自從永和社大開創以來就有了，至今已二十多年，每學期一開放報名很快就額滿。對比我在一九七〇年代推行「生活與舞蹈」時的情景，社會雖然已開放了不少，但大眾對舞蹈與教育的認識並沒有進步太多，舞台上的表演日新月異，但舞台下的觀眾通常仍只將舞蹈視為表演藝術。近幾年來我因藉著舞蹈課程，看到許多不同的圈子開始有了交流，舞蹈、特殊教育、戲劇、美術、心理、文學、心理諮商……等領域的年輕人，他們透過社大及藝統會這些平台，取得了自身的成長，回饋到生活或專業上。

有些學員本來就有自己的工作坊，可能是做美術、教音樂，或是在劇場工作，在個人的藝術領域加入舞蹈的身體開發元素，就更增加了創作的豐富性，譬如水姑娘剪紙藝術的邱雨玟，跟我學舞之後，也在她的剪紙作品裡面跳舞，拓寬了創作上的表現。也有人開始加入了藝術教育治療的行列，其中也有人因為理念的契合，就跟著我一起工作，將各自的專業運用到藝術統合教學上，例如兒童美術造形教師吳純貞、擅長創意語言教學的繪本教師劉敏。

牯嶺街小劇場館長姚立群曾來社大及藝統會上我的課交流，我也曾帶著學生們參與他們所舉辦的「第六種官能表演藝術季」，與他們的視障及身障表演者互動。後來其中一位小兒麻痺的劇場工作者阿忠（鄭志忠）來藝統會當志工，與我們的自閉症孩子互動，原本是被照顧的孩子們，竟然被激起了愛心反過來關心他，而這樣子的反轉情景在我的教育場域中時常發生。

有次社大來了位學生，看她舉手投足非常俐落，腳一抬就到頭，下課時問她的來歷，原來是驫舞劇場的首席舞者葉名樺，她為了驫舞劇場要舉辦《重製場》重溯歷史與舞蹈對話，因此找到我課堂上來一探究竟。於是接著啟開了與驫舞劇場的一些合作，包含社大的學生們與舞團的即興演出，也邀請了團員們來與身心障礙孩子共舞。專業舞者邁下舞台，參與社會，一直是我在推動的精神，因為「表演」有時是要在舞台上戰勝觀眾，但「教育」是完全不一樣的，而且回到人本的精神上，教育甚至大於創作表演！

我很喜歡在社大教課，「開發身體原舞力」的學員非常多元，來自社會各領域，從年輕學生到退休者都有，臥虎藏龍，形成一股可觀的社會資源。正因為如此，我常常提醒他們在經驗身心的解放後，不要只耽溺於個人的享受、自戀似的表現，更要積極的發展出對他人、對環境的審美意識與關懷。有些很有愛心的學生，也會在心智障礙者的教學或活動時擔任志工。「有能力，就為社會做一點事」，是我自身的實踐，也是常掛在嘴邊的一句話，看到學生們能將課堂上的收穫和溫暖擴散到課堂之外，當老師的真的很欣慰。

11

Chapter

換年輕人來做

我已經給你們建構一條路了！

生命場景

- 2007-08｜教授「啟發式兒童肢體遊戲暨藝術統合教育師資培訓」課程。
- 2009-10｜教授「藝術統合服務方案師資培訓」課程。
- 2011｜臺北市藝術統合教育研究會（簡稱藝統會）成立，擔任創會理事長。藝統會一度從草創期的北投農場教室遷至和平東路教室（2014），最後定於象山農場（2018）。
- 2016｜與藝統會赴日本參訪五個身心障礙機構。
- 2017-19｜與藝統會連續三年應邀赴香港交流，進行工作坊。

藝術統合教學乍看之下會以為藝術是主軸，但統合才是精髓，也是最困難的地方。要組成團隊，善用彼此的特質互相合作、激盪，才有辦法做統合性教學。我從一九八六年開始研究兒童藝術統合教育，一九八八年起投入身心障礙者藝術統合教育治療，這麼多年以來曾跟好幾位教師一起合作過，都是大家高高興興想做就做，沒有想說將來要怎麼樣，也從來沒想過要特別培養教學人才。

可能是年紀越大別人越替我著急吧，有機構主動表示願意促成教學經驗與上課技巧的傳承。比較有規模的先是中華民國自閉症基金會於二〇〇七年所主辦為期兩年的課程★，是當時國內首度且唯一針對身心障礙兒童所規劃的藝術統合教育師資培訓。不過學員在培訓結束後就散去，他們是否能把統合性教學的概念繼續推廣或應用，我不清楚，也不勉強，就順其自然。後來在二〇〇九年，又做了一次同樣為期兩年的培訓，而這一回，意外成了藝統會創立的引子，真正凝聚了年輕人才的投入。

於二〇〇九至二〇一〇年進行的「身心障礙幼兒藝術統合服務方案師資培訓」課程，由教育部特教工作小組、國立台北教育大學教育學院特殊教育中心、新生活社會福利發展促進會合辦，這次培訓十分講究教學實務應用，希望能培養出懂得整合學生的個別化需求、學科效能與教育美學的種子教師。而幕後的推手，是特教界出身的新生活社會福利發展促進會創辦人羅素如。

完整的師資培訓

羅素如是非常熱心的行動派，她覺得舞蹈動作教育，在台灣很少有人研究，也到中華民國自閉症基金會來看我怎麼教，十分認同將藝術統合教育應用在身心障礙領域，很想要拓展讓更多人去做這樣的教學。她積極籌備一切，還有段健發極力的協助，國立台北教育大學特教系楊宗仁教授、蔣明珊教授也從專業的角度給予建議，最後來報名的大多是幼稚園及國中、小的身心障礙特教老師或一般教師，以及對藝術統合療育領域有興趣的人，有好幾個「開發身體原舞力」的學生都報名參加了，總共收了二十五名學員。而以前參與過藝術統合教學的吳純貞、劉敏、段健發、吳佩芬等我的學生，也來協助課程進行。

由北教大等單位合辦的師資培訓，是從學員的肢體訓練開始做起，2009，李立劭攝。

★中華民國自閉症基金會主辦的「啟發式兒童肢體遊戲暨藝術統合教育師資培訓」，從二〇〇七到二〇〇八年為期兩年，利用每個週六、日進行，連續做了初階、中階、進階的師資培訓，由林絲緞負責肢體開發／啟發式動作遊戲與親子教學，並邀集了劇場導演王墨林、戲劇治療師林淑玲，以及段健發、吳純貞、劉敏一起協同教學，強調藝術在全人與特殊教育的價值和運用。

利用球、布、鬆緊帶等道具以趣味方式學習身體運用方式。中圖為助教吳佩芬，右圖為段健發記錄培訓情況。2009，李立劭攝。

師資培訓實習課的團體肢體教學，右圖最右為林絲緞學生及志工蔡月英，左圖前排右為美術老師吳純貞，2010。

強調效能、趣味、美學並重的藝術統合教學，以「動作教育，舞蹈療育」為主軸。在面對身心障礙孩子的教學中，必須達到功能性，例如讓學生站到小桌子上，或是木頭椅子上，是為了增強他們動作的穩定性，這是方法背後的分析。由於一般體制內的教師很少接觸動作教育課程，這次培訓特別規劃了一年時間打底，做學員的身體訓練，希望最起碼要擁有身體認知的基本功，才有可能融匯統合性教學。

兩年的培訓非常完整，分為四個階段，每個階段近三個月，於週六下午進行，每堂課三至四小時。第一年從基本的認識身體、開發個人身體能力著手，再進到跟同伴之間的連結，嘗試統合視聽動能的群體架構，練習如何彼此用身體借力使力，互相推動對方，如何感知人跟動作、跟他人、跟節奏韻律、跟空間之間的整體關係，並即時回應，用身體進行可能性的創作。學員當中有的很缺少身體意識，有的人本身就極不協調，必須從最初級的身體練習，慢慢再進入比較深的全身操作。

第二年則實際招募二十名身心障礙兒童進到培訓課程，其中以自閉症的孩子居多，等於是受訓學員的實習課，讓他們親上第一線，體驗如何帶動身體遊戲，如何跟孩子親近，如何用身體接觸、擁抱孩子給予溫暖，如何和其他的教學夥伴合作開發教案，從做中去學，如果沒有自己實際體驗過，最終只是空談而已。首先由我和吳純貞、劉敏做肢體、繪本故事、美術的統合教學，學員們除了跟課當小助教，同時要針對至少一個孩子做長期的記錄和觀察，於課後集體進行教學歷程的檢視和討論。最後一個階段則由學員們分組上場實作，每組負責三堂課，這時可以看到不同背景的學員們如何發揮自己特有的專長來設計教案，同樣在課後一起檢視、討論。

像我永和社大學生柚子（蔡祐庭）有著園藝治療背景，想把自然的元素帶進來，他們那一組就設計了土與蚯蚓的教案，把真的蚯蚓和泥土帶到課堂上，透過故事引導，介紹蚯蚓的習性，再關了燈讓學生鑽進在挖空處貼了彩色玻璃紙的紙箱構成的隧道，老師們則用手電筒映照出斑斕色彩，打開孩子的身體感官體驗。接著實際觀察、輕觸蚯蚓，最後玩土為蚯蚓造房子。有些孩子原本一關燈在黑暗中會驚得大叫，在情境引導和老師們的陪伴下，慢慢放鬆下來玩，有些則是很喜歡這種刺激感一鑽再鑽，而一些本來害怕碰土、碰蚯蚓的孩子，也因為有了循序漸進的鋪陳，願意嘗試觸摸，建立了一次新的、愉悅的連結經驗。

教學現場

把培訓內容融入身體遊戲

文─劉敏（早療繪本課教師、視多障青年肢體開發教師、藝統會舞蹈課助理志工）

師資培訓時的身體訓練，跟林老師「開發身體原舞力」的上課內容很不一樣，她會巧妙的把教學的東西融進身體遊戲當中，讓學員親身領略。

譬如，她請大家牽手圍成一個大圓圈，身體拉直左右搖擺，同時一起重複念著：「左、右，翹翹板」，搭配輕快的〈切分音時鐘〉音樂，大家像是小孩子邊說邊玩動作。當圓圈慢慢變到最大，大家會拉得很緊，身體會自動的伸展開來，然後圓圈又逐漸變小，全部的人笑呵呵的擠在一起。

圓圈的變化眾多，有時整個圈向右繞轉、向左繞轉，很多學員發現自己繞錯身體面向忍不住哈哈大笑。突然林老師放開一隻手，圓圈瞬時變成一列長長的隊伍，林老師拉著隊伍在空間中穿梭流動，像是舞龍舞獅。接著，隊伍最前面的兩個人面對面牽手形成山洞，後面的人過了這山洞，立刻要兩人面對面牽手變成新的山洞，如此依序不斷重複，山洞還會越變越低，過山洞的人從彎腰前進，變成必須匍匐在地板爬行穿過，一群大人玩得開心極了。

這個牽手圍圓圈的變化遊戲，其實林老師常應用在身心障礙統合教學中，看起來像是在玩，但藏著太多的學問了：順序性的群體合作概念，當山洞的人手舉高很久培養忍耐力，彎腰走路、匍匐爬行，都在刺激全身性的神經運作，達到動作協調性的提昇，藉由圓圈不斷地流動與變化，讓孩子認知各種結構層次的改變，在音樂中舞動身體產生快樂感，也同步鍛鍊了身體能力……。

林老師也會讓教師們練習互相用身體壓住對方，或是滾過對方的身體，被壓的人要背部朝上，避免腹部、前胸被壓，製造身體大面積、有重量感的接觸。不管對成人或對孩童，這些都是兼具舞蹈美學與遊戲趣味的身體訓練。

到了第一堂實習課，林老師也教導學員如何接觸自閉症孩子的身體，以免留下不舒服印象導致後面的抗拒，像是避免用力抓孩子的手或是手臂，而是靠近孩子身邊，用手臂輕觸孩子的手臂，或是用手掌平撫背部，慢慢讓孩子適應我們的身體。牽手時也要避免緊抓不放，除了避免孩子的抗拒，同時也保護自己的安全，因為有些高年級學童長得壯碩，有時會突然跑開，萬一手拉得太緊，教師們反而容易受傷。

遇到低張的自閉症學生躺在地上不肯動，拉也拉不動，之前練習用全身壓住對方身體的互動技巧就派上用場了，林老師要教師們用身體壓著或靠住孩子的身體，藉著翻滾或是推動，讓孩子順著力量移動或是翻轉，玩來玩去當中，孩子開始動起來，就可以慢慢把他導入到團體裡面一起上課了。

藝統會打開新局

兩年的培訓時間不算短，共有十四位種子教師堅持到結業。他們各有專長，上課過程當中互相合作、刺激，互相開發，最後每一個人自己得到什麼，如何應用在體制內的教學或是個人的專業上，自己又要如何持續創新，我覺得那都是個人的選擇，不能強制約束一定要怎樣。倒是有幾個社大的學生，像是柚子、姜春年、陳孟秀，他們覺得很可惜：「林老師，培訓完了，就這樣完了喔？」

「那要怎麼辦？」

「老師，人家要給你二十萬！」陳孟秀突然提起。

「給我二十萬？要做什麼啊？」

她說培訓的後半階段，有身心障礙的學童一起加入課程，她把這件事講出去，友人聽了很感動，就給了二十萬，說要給林老師加油。

我說：「無緣無故，給我二十萬加油，我負不起這個責任啊！」

然後柚子又問了：「老師，我們就這樣散了嗎？」

我心想，如果學生有心投入，或許順著這個機緣，交給年輕人來做，就說：「你們如果想繼續下去，就組織一個基金會，或者是協會。要組基金會，我們也沒那麼多錢，我們根本一毛錢都沒有！協會的話，不用錢，你們就用這二十萬，去做一些事情。」

柚子接下了這個任務，經過將近一年的奔走籌備，臺北市藝術統合教育研究會（簡稱藝統會）於二〇一一年十月十日成立，希望有了這個常態性的團體和據點，更能集結各個領域的專業教師，在統合教學當中互相研討，開發新的教學內容，並對外多做一些交流推廣。

擔任創會總幹事的柚子找到景觀藝術家黃文慶位於北投的逐風農場，作為藝統會據點。我跟黃文慶在一九九〇年代溫州街教室時期就認識了，也一起合作過統合教學戶外活動，沒想到隔了十多年，因緣際會又碰面了。

農場靠近關渡平原，整個園區很大，有改建的地板教室，還有馬廄，課程也運用農場的特色和受培訓的年輕老師的專長來規劃，開發各種更親近自然的教學嘗試，像是在地上

親自示範並與孩子同頻呼應，是林絲緞在教學上的堅持，下圖左立者為志工涂靜儀。於象山教室，2018～2020，藝統會提供。

玩大地塗鴉、帶學生走稻田的田埂路、為馬刷毛、以「從種子到餐桌」為主軸的假日小農夫課程等等，甚至還辦夏令營，領著十多位從未單獨離家的身心障礙孩子在農場過夜共同生活。就像柚子所描述的：「這些草根、原生態的教學經驗，確立了藝統會『身體×藝術×自然』三位一體的教學模式與文化。」我很多學生都來這裡當志工，而我的藝術統合教育理念，因為有了這個研究會，有新的年輕人加入，還有這一片土地，開始能夠扎實運作，更有系統的進行。這樣讓人安心、穩定、自然的學習環境和創意教師群，受到家長的肯定，慢慢地也投注、引介資源進來，藝統會也開始每年舉辦一至二梯次的小型師資培訓及志工培訓，與更多人分享藝術統合教學的理念。

藝統會成立在北投農場的坎坷草創時期，就從那二十萬開始，所有的設備、家電等都是找最便宜的，或是人家淘汰掉送給我們的，一點一滴全靠老師們和志工們熱心的付出才建立起來。一開始學生不多，只有十來個，我去教課沒有拿鐘點費，即使有編列，也是再捐回去給藝統會，為錢擔心是常有的事。

後來學生慢慢多了，在家長的建議和支持下，二〇一三年五月在師大附近一棟公寓的四樓另外成立和平東路教室★，學生上課交通更為便利，隔年十月北投農場租約到期後，藝

★編按：藝統會將位於和平東路一段的市區教室簡稱為溫州教室，本書為避免與林絲緞個人一九八六年成立的溫州街教室（林絲緞舞蹈音樂藝文中心）混淆，在此將其稱為和平東路教室。

北投教室的老師們與逐風農場飼養的羊駝，（左起）許峰彰、蔡祐庭（柚子）、姜春年，2012，藝統會提供。

統會便整個遷至此處。雖然這裡的場地空間有限，但延續北投經驗，鄰近的大安森林公園變成了第二個教室，近郊的海邊、廢墟、山上……也都可以是教學現場，從沒有變成有，反而開創了新的教學格局。一定要「看得到、聽得到、聞得到、摸得到、吃得到才能知道」的自閉症學生，也因為擴大了感官與身體的真實體驗，豐富了想像與創作上的再現，進而內化成個人的經驗。

例如，在海邊，大家會牽手站成一排，靜看海的廣大和波浪翻滾，聆聽海浪和海風的聲音，跟著鼓聲和語言引導展開暖身，從沙灘慢慢往淺水處走，「沙灘帶給你什麼感覺呀」「海在跟我們打招呼喔」，腳踩著水花，身體慢慢浸入，感受海水的輕柔拍打，或者大家在沙灘上一起玩著長長的藍絲巾，伴著風的吹揚，用身體表現海的變化。我們去了不只一次海邊，去之前學生們畫出的想像的海，裡面有魚，去之後畫出的海，裡面有朋友！當我們在課堂上引導說「身體把海浪帶回來了」，因為有過明確、深刻的體驗，孩子馬上就能清楚反映在動作的表現上。這樣的學習不是架空的，而是基於對真實世界的參與和理解，或者可以說來自一種身體感，從直覺慢慢演變到抽象認知，就像人類在嬰兒時期，先是直覺碰觸，遇到挫折再調整，經過一再體驗，慢慢熟悉，一直到學會。

美術課「小溪」主題有好多玩法可延伸，多面向拓展孩子的感官體驗和創造力。於象山教室，2019～2021，藝統會提供。

教學現場

一個有機的花園

口述—高穎琳（藝統會志工）
文字整理—劉敏

藝統會是一個有機的花園，什麼種子落在這裡，就會在這片土地上開成它的樣子。出現在這裡的人，無論是誰，都能保有他自己的面貌，人與人之間不斷的啟發、自然的交流，從中得到養分，並且多少都會回饋到自己的生活上。

我小時候跟林老師上了五、六年的藝術統合課，時隔二十年到藝統會當志工，發現林老師依然巨大、強壯，教學風格百分之百沒有改變，一樣堅持與嚴格，八十歲了仍親自示範動作、帶領同學，熟悉到彷彿我和她之間多年的空白完全不存在。林老師還是林老師，獨一無二，是一位把自己活出來的人。

小時候的藝術統合課班上曾有一、兩個自閉症同學，偶爾會無法控制互動的力量推人碰撞，當時不理解，也不會害怕，只是會本能地想保持一點距離。現在在藝統會接觸到更多特殊的同學，一開始還煩惱著有沒有辦法處理得來，但春年安慰我說：「不用擔心，我們都會在這裡守護同學和大家。」這份溫暖給了我支持，而且的確跟同學們互動很快樂、很放鬆，不用設防。

這些同學的創作、動作、情感，真實而直接，富有感染力，相處下來，我很自然地就可以跨越原本的界限。例如有學生對於喜歡你的表達方式，是直接親你的臉親到滿是口水，然後走掉，而你會自然就接受了，然後不由自主思考自己平常與人互動的框架。

藝統會背後的條件，不是那麼豐足，但每一件事都恰如其分的剛好夠用。在這裡，會看見一個內在的柏拉圖，從想像裡呈現出來的部分。

教學現場

和他們一起享受其中

口述—涂靜儀（藝統會志工，永和社大「開發身體原舞力」學員）

文字整理—劉敏

原本對身心障礙者的印象是弱勢族群、特教班等比較平面的概念，到藝統會當舞蹈課助理志工之後，才深刻了解到，他們在心靈與情感上，跟一般人是一樣的。

不管是玩美術、跳舞，一起洗菜、做菜、吃飯；或是走田埂路、到白沙灣踏浪、在海邊廢墟塗鴉、萬聖節裝扮遊華山、租遊覽車到宜蘭旅遊、包場看電影等等，同學們都很投入，很喜歡各種活動，尤其到台中歌劇院看音樂劇，居然安靜的看到結束。可能平常在藝統會的舞蹈課裡已經習慣觀看舞蹈，並且享受其中吧。

這群同學沒有太社會化，保有人原始的單純，非常可愛。他們天生敏感，天氣、周圍的環境，都很容易對他們造成波動，反映在情緒、應對和身體上，出現各式各樣的狀況，因此必須即時思考如何適當的引導與互動，林老師跟同學講解動作也會更仔細，無形中幫助了我在舞蹈上的學習。

在九年的陪伴過程中，同學們的存在讓我的心胸更寬廣，我也不斷親眼見證到經過課程之後，同學們可以有怎樣超越自己原本狀態的表現，譬如自閉症的同學變得較不固著，或者面對突發狀況更有辦法適應。只要持續創造出成長的環境，累積一段時間，就能看到他們的進步。

共融的象山農場

二〇一八年八月，藝統會搬到象山農場。這片土地，來自家長們化小愛為大愛的無償支持，尤其張景森先生熱心地四處張羅資源，為藝統會量身打造了一個更舒適安定的據點。少了房租的負擔，加上廣闊豐富的生態環境，讓大家得以穩健地走，統合性教學又開啟了另一番局面。

象山農場從一片荒地一點一滴的整頓，才有了今日美麗的面貌。農場前半部為園藝療癒區，目前由柚子帶領身心障礙青年在這裡一起工作、學習，希望未來可以發展成工作學校，後面則規劃為藝統會教室。目前的辦公區以及舞蹈教室，是從遷走的王母廟原址改建而成。室外的菜園農地，設計成無障礙空間，方便坐輪椅的肢障者種菜，視障學生也可以來種植香草或氣味強烈的菜，親近大自然。

農場緊鄰社區住宅，居民看到原本雜亂陰沉的荒地被整理得乾淨明亮，還有學生來上課，態度從懷疑變得友善，阿公阿嬤們開始來種菜，逐漸跟藝統會熟絡。鄰近的居民把這裡當做自家庭院，平時會幫忙維護，也常有外傭推著坐輪椅的阿公來散步透氣。現在藝統會每個月舉辦一次「鄰居志工日」，附近空閒的老人家會來打掃農地，並且參加藝統會規劃的肢體遊戲課，形成一個共融的自然園地。有一個公職退休的阿嬤，還稱讚這堂課有益身心，直說一個月一次太少了，希望開一系列的課。

柚子老師（左圖披毛巾者）主理下的象山農場是孩子們成長學習的樂園。2021，藝統會提供。

這裡是山區，老師們會帶學生去爬山。山路崎嶇不平，學生剛開始走得搖搖晃晃，或是掉入水塘，一趟路有時會超過一個多小時。過了一段時間之後，大家不但習慣了走山路，平衡感變好，體力也鍛鍊到。有時美術課就拉到爬山的過程中進行，讓學生寫生，觀察自然，畫路邊的花、畫青草、畫山。當我的舞蹈課要學生練習走彎繞的路線時，就會引導說「我們在走山路彎彎曲曲的」，學生很自然就能走出彎來彎去的路線。像這樣多面向的統合性教學，互相激發，從具體的經驗轉換到抽象的舞蹈，學生就理解了。

藝術統合教育理念的實踐場

口述—姜春年（藝統會總幹事及教師，插畫創作者，亦為繪本推廣與創作、社區劇場工作坊及兒童美術教師）

採訪整理—劉敏

藝統會的課程，沒有課綱，也沒有進程，都是跟學生的成長結合，依照他們提昇能力的需求或是所遭遇的困難，去設計教學內容。尤其美術的部分，運用這片豐富的大自然，幾乎都是做新的開創。

象山農場提供了一個豐富的探索場域。有個孩子不喜歡畫畫，抗拒、情緒化，卻喜歡玩土。我們就帶他去挖土、玩土，加水進去，變成泥巴，趁他玩得高興的時候，把圖畫紙塞到他面前，拿紅龍果汁、薑黃汁，混入泥巴裡，變成顏料泥，慢慢的他就可以接受畫圖。

有人來了，學生會拿自己的作品給對方看，開心的展示：「你看，這是我做的。」「你做得好棒！」「要怎麼玩這個面具？」學生就會教他們玩，然後玩在一起。

學生也曾敲著廚餘回收桶做成的鼓去爬山，一邊拿著自己創作的面具，在象山的大峭壁前打鼓，展示面具。來爬山的路人，會停下來欣賞，有的會好奇的問這是什麼，學生就會向他們介紹。這也是一種展示作品的方式，能跟民眾直接接觸。這樣的互動交流，使外界的人有機會看見學生們的創作世界，學生也因而建立了成就感與自信。

藝術統合教育最重要的目的，是要讓人更健康、更有創造力，還有合群，懂得分享。目前在藝統會的身心障礙學生有兒童、青少年和假日學校的成年人，其中很多都是我從早療時期就開始教的孩子，從以前在北投農場，就陸續到藝統會來上課，到現在都高中畢業了，教學上因為可以長期隨學生的進展來設計課程內容，能力就能持續提升。也因為陪伴期拉長，學生跟藝統會的老師或是志工們，關係深厚，已經不只是上課的「老師」，而是一個隨時隨地都會想到、可以依靠的人。當他們身體不舒服或是幻聽、情緒出現狀況時，通常已經能夠自己察覺、尋求協助，或是願意讓在場的老師、志工們照顧。這樣長期而穩定的師生關係，日積月累所產生的信任，讓課程的引導和溝通更為順暢。

開展對外交流

教學推廣一直是藝統會很重視的一環，會不定期做點狀的動作教育推廣，曾經到過林口特殊學校、大同育幼院、樂山療養院、三峽的三鷹部落等處，帶領教師或是社工體驗身體遊戲，示範如何使用日常用品於教學中，或者是直接帶領孩童進行肢體開發。至於藝術統合教學的推廣，除了進行講座和工作坊，目前主要透過類似藝術祭的展演形式呈現成果，像是二〇一六年在剝皮寮舉辦的「五週年」展」，現場展出課堂上學生創作的美術作品，還有動態的「身體遊戲」教學。搬到象山農場後，也辦了幾次象山藝術祭，有許多劇場或美術的創作者會到這個自然空間來參與。例如二〇二二年「象山裡的朋友~『春之祭』遊山慶典」，活動當日上午先舉辦互動工作坊，成員以藝統會身心障礙少年為主幹，開放大眾參加，共同進行自然裝置創作，於下午遊山時使用，並在互動的過程中分享教學理念和故事；到了下午的遊山慶典，現場提供各種裝扮的物件和樂器給民眾，大家一起出遊到山徑的各個景點進行活動。

因為舉辦了這些推廣活動，讓更多人有機會看到藝統會在做的事，也因而牽起了和香港、澳門、中國、日本等地的身心障礙機構與教學者的緣分，不僅將組織與理念推展出去，更得到珍貴的友誼。

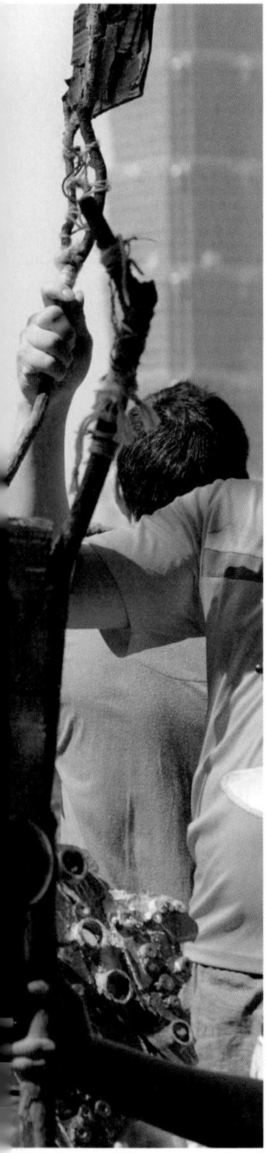

藝統會學員作品：（右）吳文馨〈剝皮寮紅〉，（左）張乃丰〈山〉，（下）張允鐘〈迷彩大象〉，2019，藝統會提供。

透過美術與打擊創作，在自然中互動，教師姜春年（後排藍衣者）和志工陪同學生於象山進行遊行活動。2020，李立劭攝。

香港的東華三院賽馬會復康中心（以下簡稱東華三院）藝術發展主任魏貝妮，便是在二〇一六年「五週年－展」現場看到藝統會的示範教學。她來台灣一直在找做身心障礙者肢體開發的人，看到我們的教學非常高興，隔年就邀請我們去東華三院做師資培訓，也實際帶領院生，進行觀摩分享。香港很多第一線的藝術治療師、社工、特教老師都來參加這個大型的培訓工作坊，將近兩百人，在一個像籃球場那麼大的場地上課。其中不少人都是第一次接觸到肢體開發，感到很好奇，也很積極想要導入到院區的教學裡面。我記得曾要學員排一排躺在地上翻滾，因場地太大，大家滾好長好久，滾到哇哇叫，喊著頭暈，卻笑聲不斷。受訓的幾位香港老師，之後也來拜訪過藝統會，跟著學生們一起上課，課後分享他們的心得，大家互相討論。

接下來連續兩年我們都應邀去香港進行交流。二〇一八年是去東華三院，第一天同樣是針對全香港的身心障礙照護第一線工作人員做肢體開發工作坊，接著連續五天直接帶院生上課，分成自閉症、身障輪椅組和跳舞班三大組，第七天就做院生的教學成果發表。二〇一九年則是參加以「智障人士的藝術發展」為主題的國際研討會，這是當時亞洲最大的特殊藝術研討會，我們同樣是帶領實作工作坊。

我常常感慨說，身心障礙者的身體開發、能力培養，每一天都要做，累積起來就會進步，一中斷就沒有了。二〇一八年在香港帶領院生上課，有一個叫阿翠的女院生令我印象深刻，她大約三十幾歲，患有肌肉萎縮症，肌肉慢慢的無力、萎縮，讀國中時，她出現極大的情緒問題，當時的治療方式是把她五花大綁，導致她的身體能力不太能發展出來。我看了很捨不得，覺得她的身體應該還有更多可能性。在帶領輪椅組的肢體開發時，為了讓院生更有親切感，我用香港的流行歌〈海闊天空〉作為輔助音樂，正好也是阿翠最愛的歌。阿翠跟其他肢障院生從輪椅被抱放在大片彈性布上，由老師們和社工拉著布搖晃他們，讓他們使用身體的力量去順勢因應布的各種變化。阿翠因下半身萎縮，無法坐穩，手也沒力氣撐地，但她每天練習在彈性布上運作身體，一天比一天進步。最後一天，我們讓院生們和社工，一起在巧拼地墊上面滾小球，阿翠越滾越好，轉動身體時，動作開始變得流暢，當音樂〈海闊天空〉唱到「喔！耶～」的時候，阿翠興奮得也大聲唱「喔！耶～」，同時，竟然從躺著的姿勢，上身拉起，倏然坐了起來，這個挺起身體的動作簡直就像奇蹟，就發生在五天之內！我替她開心，現場的老師、社工們更是看呆了，實際見證舞蹈療育的成效。

回台灣兩個月之後，大概因為心裡掛念著阿翠的情況，還夢見她。我會想著如果可以持續在她身邊，接下來要怎麼去提升她的身體能力。可惜五天的工作坊結束之後，就沒有後續了，因為香港那邊的社工沒辦法帶課，不知道要如何做，也不敢做。

期待教育研究的發表

偶爾會有一些國外的藝術家或是團體來藝統會參觀教學，甚至一起跟學生上課。對此，我們都是抱著開放與歡迎的態度，大家來來去去、相互交流想法，這很重要。日本岩手縣一個私立的老人院暨身心障礙照護中心「銀河之里」，我們才透露想去參訪的意願，沒想到銀河之里的理事長夫婦，就先來藝統會拜訪，實際了解我們在做些什麼、想去參觀什麼、有哪些期待等等，非常慎重其事，可惜後來因為新冠疫情，未能成行。

透過成果展演，讓外界更能了解藝統會在做的事情，連帶開啟了許多的連結和交流，有它的價值；未來我希望能更深入，做教育研究的發表，激盪更多的應用與討論。

藝統會當初命名為「研究會」，就是希望能集結各個領域的專業教師，互相研討、開發新的教學內容，並且能夠做更有結構性的研究論述和發表，把藝術統合教育的理念、方法對外傳播交流，讓別人可以參考、引用。

例如，上課時為什麼要使用小球？因為它是一個物體，身心障礙學生們能夠有具體的依靠，又有趣味性。藉由小球與身體接觸的移動、刺激，從站立到地面，可以開展很多身體的動作以及三度空間的面向。但是，學生不能一直依賴小球，必須從這裡再去提昇。也許拿掉小球，讓學生改為站立在牆邊，從站立、手舉高，到滑落下來，到蹲低到地板，種種的動作變化，都是有關聯性的。但是，如果沒有特別去說明原理，或觀察力不夠，可能看起來只是一個玩小球的單元，再換到一個身體靠牆的單元，即使照本宣科套用，教學效能大概也不會一樣。

我有自信，藝統會長期在美術、舞蹈或創作的教學上，已有獨到之處，而且許多學生

許多學生跟著藝統會一起成長，累積的教學軌跡值得系統性記錄整理。
於象山教室，2013～2023，藝統會提供。

跟著藝統會的歲月一起成長，累積了教學的軌跡，很值得有系統的記錄整理。尤其面對孩子的問題，如何在解決之後，繼續再去分析追蹤觀察，這種長期的研究及運用原理的探索，目前還有待有識者的投入。

教育本來就需要不斷深入研究，才能再創新突破，這些教學的記錄與研究的工作，必須靠大家一起來，而不是我一個人做，並且還要有經費來支持才行。這些將是藝統會未來要努力的方向。

教學現場

幸福感的追求

口述一姜春年（藝統會總幹事及教師，插畫創作者，亦為繪本推廣與創作、社區劇場工作坊及兒童美術教師）

採訪整理一劉敏

二〇一六年我陪林老師到日本，拜訪了五個關注身心障礙藝術創作與治療的單位。有大阪的 Incurve 工作室，支持約二十名智能障礙創作者的藝術活動；神戶大學人類發展與環境學研究所的研究員沼田女士，做音樂治療，找了一組玩自由爵士的人跟身心障礙者一起工作；位於奈良的大型社福機構蒲公英之家，院生的美術作品受到極大的重視；滋賀縣的信樂青年寮，結合陶器的地方特色產業訓練心智障礙孩子做陶，成品不管是偏藝術性或日常性，都是受歡迎的商品；第五個機構是滋賀縣 YAMANAMI 工房，對我特別具啟發性。

YAMANAMI 工房的機構經理（施設長）山下完和先生，是一位很會發掘院生特質的人，並且將院生的創作，行銷成藝術商品，院生作品中的圖案或是線條，被設計到織布裡，製成時尚服裝，由院生穿上走伸展台，做時尚發表會。同時也拍攝時尚沙龍照，出版時尚雜誌。

我真是大開眼界，這樣的藍圖在台灣是看不到的。工房已經成立快四十年了，他們看待特殊族群，都是高規格的對待、高規格的想像、高規格的做法，不是有吃的、穿的、有安置的機構就好。工房會根據院生的想法和步調，協助他們找到夢想、找到幸福。我開玩笑地跟山下先生說：「YAMANAMI 有沒有缺院生？我都想住進來了。」

對於藝統會的未來，林老師常說要做一個工作學校，本來我沒有任何概念，如今，在想像象山農場的未來時，YAMANAMI 工房給了我一些方向，是一個值得參考的脈絡。

日本的身心障礙機構，組織性強，空間設計上充滿藝術感，例如大阪的

Incurve工作室，現代感的建築本身就像一座美術館。他們非常注重身心障礙人士精神上的滿足和美學，生活品質高，創作的藝術性也很強。我想這就呼應了林老師常說的：「身心障礙者，同樣要享有幸福感，這是人應有的權利。」

我被啟蒙到的是「不介入，不教，提供環境，等待他們創作」的原則，借用這個概念，我在引導學生創作時，只開個頭，有了線索之後，讓學生自由發揮。如此一來，會看到他們很原生、很純粹的作品出現。

不過，所謂的「不教」，我覺得是看情況來定義。像林老師的身體開發課，是需要做好基本的動作教育的，前半段先訓練身體，後半段再讓學生自由跳舞創作，如此一來，既能強化身體機能，又仍然保有學生們肢體表達上的自由度，兩者並重，有助於自主性的養成和創作能力的提昇。

師徒一起工作

對藝統會的未來，我沒有多做設想。人是蠻複雜的，個人會有個人的理想，或是困難等等，有緣，大家聚在一起，能在一件事情上，一直合作和開發，彼此分享、溝通，是很幸福的事，但是不能勉強。

像柚子等幾個學員從師資培訓留下來，跟我一起合作，研究藝術統合教學，如今已經超過十年了，如果是吳純貞、劉敏就更久了，本身也都持續用自己的專業在做身心障礙者的教學。教育是一種創造，我從零辛苦做起來，看到身邊這些中生代、新生代的老師，會提醒他們：「我走過的路，你們可以不用再走了，因為我已經給你們建構一條路了！時代在變化，人的環境、生活也在變化，你們可以節省時間，從我給的這個基礎再去建構，甚至跳脫，繼續向上推一層，更加寬廣、更有創意！」

但我也一直強調，藝術統合教學不是單純只是玩藝術的東西，是有教育責任的，並且要評估後面會帶來的結果。譬如我們有開發使用報紙做教學，撕報紙、丟報紙等等，結果孩子回家，什麼都拿來撕，還不只一個孩子如此，家長抱怨：「你怎麼教我的孩子破壞東西！」撕報紙，是為了讓孩子聽那個聲音，刺激聽覺，還有撕的感覺或是速度變化，但老師在教學上不能只是像這樣點到為止。很多孩子，尤其自閉症的孩子，不會想這是一種體驗，回家就什麼都拿來撕。還有的老師在戶外，因為環境許可，會在繪畫的教學上使用火，那些火花也很刺激，如果孩子回家，想起了這種刺激，在家裡點火，要怎麼辦？

所以在教育的現場，很多創意性的教學是新開發的，這樣很好，但是前前後後都要去思考，後果會是什麼？有沒有危險？還可以怎麼調整？

劉敏說我是走「師徒制」，說得很貼切，沒有跟著在第一線工作，是學不來「教」這件事的。長年以來，跟我學舞或一起協助肢體開發教學的「學徒」教師們，他們之間都成了好朋友，懂得欣賞對方的能力，對方在做的事情，也會給予支持。除此之外，我希望他們還要常常交流討論，而且是帶著批判的眼光，這樣才有建設性，才會進步。台灣有一句俗話：「老人，你就看頭看尾就好！」（台語）「看頭」的意思就是，一顆種子，它冒芽成長，你看到了；「看尾」就是看它發展到哪裡。我就是老人了嘛，只需要看頭看尾，中間的發展就由他們互相研究、互相檢視，教學的能量和深度能發揮到哪裡，就看他們自己去發展了，而不再是由我去批評，反而可能造成無謂的壓力或約束。

在藝統會，我們師徒一起工作，現在看我這個老師父在做，學徒教師們也會開始觀察、記錄課程，把筆記隨時拿給我看，如果有錯誤，或是誤會的、不足的，我再給予指點。教學上怎麼樣才會產生效能，讓孩子進步，要把其中原理寫清楚很不簡單。例如，自閉症的青年學生當中，蹲，是很難的動作，不只是重心要往下，上半身也要延伸開來，針對這個問題，我就設計「弓步」和「深蹲」，可能是靠著牆，想盡辦法讓他們能夠蹲下去，同時兼顧穩定度。

像這樣的教學過程，學徒教師們若能一點一滴記錄下來，累積久了，就可以作為自己獨當一面教學的參考，甚至集結成為一本書，這樣不管未來在哪裡、跟什麼樣的人或團隊合作，都有辦法獨力承擔。

找到孩子的發動機

一個藝術統合的教師，必須帶著同理心，並且即使到了相當的年齡，也仍然要保有一份童心，尤其帶身心障礙學生，更是需要。你要孩子在地上爬，教師也要身體力行，帶著孩子一起爬、一起翻滾。你必須跟孩子擁抱在一起，合為一體運作，才可以聞到他們的氣息，了解他們的身體狀況，和孩子們互相刺激，從中去演化更多的遊戲，讓更多的動作出現，再由這些動作中，更有意識的進行「動作教育」，提昇身心障礙孩子的身體能力。

只在旁邊用口令、用喊的，或者只是打節奏，沒有親近孩子的身體一同運作，就很難理解他們的身體語言，也很難找到他們身體的「發動機」在哪裡。譬如一個輕鬆的動作，學生卻僵在那裡，不知所措，教師就必須找到他適當的身體部位，推動他，他的身體就流動出去了。

像很多自閉症的學生，經常處在自己的狀態裡，往往身體很僵硬，此時教師不能去硬拉，因為就像在搬牆壁一樣，自己也容易受傷。但是可能一句話「喔，今天很帥喔！」，或是靠近他，用手掌撫摸他的背部說：「我們一起跳舞好嗎？」學生心情一緩和，身體也鬆開來，然後再推進他們運作，這就是找到「發動機」的其中一種方式。

我觀察到很多位跟我一起教課的學徒教師們，都具備找到孩子「發動機」的能力，像這樣持續在第一線工作，能力就會不斷的累積起來。

找到孩子的「發動機」，是只有靠第一線教學才得以累積的能力。
左下圖三左為姜春年老師、右為彭珮瑄老師。於象山教室，2018 ～ 2021，藝統會提供。

教學現場

統合性教學不是「教」

口述—彭珮瑄（國立臺北藝術大學戲劇學系畢，藝統會專任教師）

採訪整理—劉敏

接觸到藝統會之後，原本所學一直被拆解、被打破，被逼著重新審視自己過往所受的訓練。我從科班出身，抱持著一般專業分科教學的概念，認為音樂、美術、舞蹈、戲劇就是各自的專業。遇見藝統會統合性的教學，剛開始不管在課程內容的發想或是跟孩子們的互動，越想要「教」什麼，想控制一切，反而越狀況不斷，挫折百出。

後來漸漸發現藝統會的統合性教學，是一種「帶課程」的概念，而不是教課。帶課程，是創造一個環境與氛圍，陪著孩子一起探索、發現、經歷，轉化為共有的生命經驗。接觸林老師的舞蹈教學之後，我的身體意識逐漸被開啟，對自己及他人的身體感及覺察，變得更為細緻，變成我教學的養分。

雖然拆解與打破的過程是痛苦的，一再考驗著即時調節自己的應變能力，但是在接受挑戰當中，像是植物重新被修剪，重新與過去所學嫁接在一起，我也從帶領孩子的過程獲得學習與成長，反饋到我的劇場表演與創作上，提供新的能量。

我從不覺得我是一個特教老師，藝統會整個環境和氛圍，就是一種人與人的交流與連結；跟學生之間，是師生一起成長、互相影響的關係。我想這也應驗了林老師常說的，用舞蹈、人文、藝術、自然與孩子相處，賦予他們喜悅感、幸福感等人類應有的權利，老師們同時也會感受到幸福快樂。

教學現場

站在巨人的肩膀上

口述｜蔡祐庭（柚子）（園藝治療師、藝統會創會總幹事與第三屆理事長）

採訪整理｜劉敏

二〇一二年，藝統會在北投農場規劃了一場「緣動動源」（The Re-source Project）的藝術活動，希望讓更多外界的人認識藝統會，甚至能夠對藝統會伸出援手。這個活動由楊欣如協助策劃，當時她是臺北藝術大學舞蹈研究所學生，正巧是林老師的社區鄰居，便來藝統會拜訪，跟著林老師的課程與學生們互動，開啟了策劃展演的緣分。

「緣動動源」邀請各界的藝術家參加，以「地水火風空」五大元素概念，提出五種感官體驗的活動設計與展演，有園藝、印度美食、攝影、插畫家繪本、月琴、舞蹈等項目。大部分會設計給藝統會的身心障礙學生參與，像是讓他們拿相機拍照，並洗出照片，作為展示的攝影作品。

記得林老師一貫耳提面命的提醒：「不能只是熱熱鬧鬧而已！」強調「要更專注在教學，這才是核心價值，要很穩定的往上累積」。

林老師的看法沒錯，但是身為創會的總幹事，我也在思考接棒的統合教師們，應該要有我們自己的東西，必須是由自身長出來的養分，而這些融合多元面向的藝術展演，也正呼應林老師的統合性教學的特性。當時那麼多藝術家齊聚在這裡，一起發想、展演、互動，在共同創作的過程，藝統會有被陪伴、被支持、獲得力量、一起走的感覺，我覺得這就是一種養分。

林老師的教學，是藝統會的根本和基礎，但是我們站在巨人的肩膀上，也需要從既有的東西長出來，形成新的果實，而不是空空的直接接老師的東西去使用。在這麼多元的場地裡，要和那麼多新的不同的人一起合作，這是我們面臨的挑戰。

12

Chapter

一站又一站

學生跟老師能互相創作、互相刺激，
是很可貴的事。

生命場景

- 2000｜演出舞作〈舞動景觀〉，於交通大學「楊英風國際學術研討會」。
- 2001｜演出舞作〈魂牽〉，於誠品書店敦南店「李哲洋先生逝世十週年追思會」。
- 2003｜膽結石手術。
- 2011｜臺北市藝術統合教育研究會成立，統合性教學在此持續更有系統性的實踐。
- 2017｜與松本薰合作〈Cycle-90°風之舞〉公共藝術造景舞蹈演出，於臺灣戲曲中心。
- 2019｜與松本薰合作「風動藝術 vs 林絲緞／校園舞蹈創作計畫」，於台大校園發表「偶然與必然」演出。
- 2022｜兩度感染新冠肺炎。

以前讀現代舞開拓者鄧肯的自傳，有著滿滿的感動，深受啟發。在我眼裡，她很放得開，人生好像在旅遊一樣，走到哪裡就會產生一種火花，然後一站再一站的旅遊，很自然，隨時都在變化與成長。要能夠旅遊到一個地方，產生火花，而且是清楚的，不是盲目的，那很不簡單。

開路的火花

我到了今天這個年齡，好像也走了一站再一站：強調創造性的「啟發式舞蹈教育」，對婦女發起的「生活與舞蹈」，結合文學、音樂、戲劇、舞蹈的「藝術統合教育」，心智障礙者的藝術療育，成人的「開發身體原舞力」，培訓身心障礙兒童藝術統合教育師資，直到藝統會的成立。回想起來，我從小時候就帶著自己的弟妹和村子裡的一群孩子們到處跑，玩遊戲、抓昆蟲、爬樹、跑到田裡，現場有什麼就玩什麼，從沒有變成有，生出各種創意點子，像個孩子王一樣帶動他們，一路到今天，也是在做一樣的事情，實在很有趣。

從獨舞會發表到現在差不多快五十年了，我的舞蹈常常被模特兒這件事吃掉！好不容易近幾年一些舞蹈界、教育界的人才知道林絲緞在做什麼。教育、治療是很講究科學的，不能隨便，我很清楚自己已經用舞蹈開出一條路，而且是正確的方向，兼顧效能、趣味、美學，有明顯的成效，這是從學生反映出來的。

攝影家曾敏雄鏡頭下六十二歲的林絲緞，2002。

教育不是死的，在第一線做事，跟孩子、跟人去碰撞，感受到生命力的走動，才是真的所謂「教」。不管是教自閉症、唐氏症，或是一般的成年人，對象雖然都不同，本質上卻是相通的，都是在做肢體的開發，加上群體、社會性的關係建構，還有美學的認知。這樣的舞蹈教育台灣很少人在做！

不管舞蹈或特教，我都是圈外人，不在體制內，不是吃人家的飯，可以擁有絕對的自由與純真的表達。因為接觸的教學對象廣泛，各種年齡層都有，長期在民間的身體教育扎根，讓我親睹舞蹈在文化、教育、社會、心理、醫療、美學等層面上對人的重大影響。可惜這麼多年了，政府當局對國民身體意識和動能的培養所抱持的輕忽態度，並沒有改變，舞蹈的身體教育未能普及於學校教育，甚至連個像樣的教室都沒有，更談不上進行科際整合，擴大與落實影響。

藝術、美學，講起來好像很遠很抽象，其實每個人都有他天生的藝術感，你的美學跟我的美學有所不同，我對藝術的看法跟你的又不同，為什麼要將它分層次？放到美術館去展覽，登上國家劇院舞台的表演，就叫做「精緻化」嗎？有些國外來的大展很熱鬧，但看的人有多少是跟流行的？有沒有懂又是一個問題。教育是「地基」，沒有地基，樓哪能蓋得高？藝術、美學的人文教育基礎沒打好，沒有本地的根去擁抱那些「精緻藝術」，只會變成空的。

不為亮相表演

在闊別中山堂的獨舞大舞台後，多年來我僅有兩次公開的個人舞蹈演出，都是應邀創作發表的紀念之舞。一次是二〇〇〇年，在交通大學「人文、藝術與科技——楊英風國際學術研討會」的開幕典禮上，以〈舞動景觀〉致敬亦師亦友的雕塑大師楊英風。另一次則在隔年，於台北敦化南路誠品書店紀念我先生李哲洋逝世十週年的音樂會中，與學生李嫦春合作〈魂牽〉一舞。

松本薰／風動藝術 vs 林絲緞／校園舞蹈創作計畫，結合台大學生與永和社大及藝統會師生共同創作發表〈偶然與必然〉舞作，於台大校園，2019 年 12 月 8 日，李立劭、吳家惠攝。

應「楊英風國際學術研討會」之邀編創舞作〈舞動景觀〉，於交通大學，2000，楊英風藝術教育基金會提供。

這麼多年間，有不少人曾慫恿我再登上舞台表演，偶爾會心癢癢的，但還是那句老話：「我是有刺激才有表演。」二〇〇三年，刺激來了。有一晚孩子都不在身邊，我獨自在家，覺得腰部隱隱作痛，忍著就寢，直到深夜痛到快暈倒，拖著身子爬在地上打一一九求救，再勉強爬出電梯上救護車。住院診斷膽結石已嚴重壓迫到肝臟，必須儘快進行手術，否則性命不保。捱了這一大刀，膽拿了，肝去掉大半，還發現自己天生只有一顆腎臟。

手術後，我不停的在家自行復健調理，身體恢復得很快，但感覺已經元氣大損。一向健康、勤於舞蹈的我，被這次的經歷嚇到了，忍不住跟學生吐露內心的擔憂：「我可能會死在家裡，自己一個人。」學生紛紛安慰我：「老師，不要擔心，妳會長命百歲！」吳純貞更半認真地說：「不會，妳會老，妳會活很久。妳要活久一點，我要跟妳學很久喔！我要學到八十歲！」

親自嘗到生命的不可預測，讓我興起整理自己，再辦個人舞展的念頭。想法一提出來，各有專精的學生們開始動員，為舞展寫企劃案、找錢，卻遲遲沒有找到補助，洽談的合作單位似乎也不甚積極，拖了一陣子，過了那個想做的時間點，欲望漸漸淡去，也覺得無所謂了。

本來我就不是想出名，我要做的是我自己對自己的挑戰，開刀以後感受很多，所以才比較積極。到今天還是有人一直要我獨舞，願意幫我安排，但藝術創作是要有自己特有的、別人無可取代的東西，好好醞釀，表演才有意義，我不會為了上台亮相去跳。

一路教下去

歲月的流逝，身體的老化，我不得不服。面對老化，從十多年前，我心裡就縈繞著一個念頭：「我從懂事就在扛責任，都在為別人著想，現在好像應該為自己做些什麼了。」我想進到養老院，跟那些可能一輩子都沒有好好認識過自己身體的銀髮族，分享我透過舞蹈調整身心的經驗，進到另一個身體層面繼續研究。跟我一起步入老年的學生們，聽到我想做老人研究，嚷嚷著要我開老人班，他們要上。只是傳承的責任讓我牽掛著，無法放下，結果時間咻就過去了，投入老人領域的想法最終未能實踐。

雖然如此，教學上能給人快樂，我自己也很快樂。一路走來，大概做身心障礙學生的

林絲緞（前左）與蔡瑞月（前中）是早年老友，參與「蔡瑞月邀你共度陽光假期」活動，兩人一同以舞蹈，從蔡瑞月舞蹈研究社遊行到台北市立美術館，2001。

藝術統合教學最起起伏伏了，有很多坎坷，卻也很開心，尤其看到教過的孩子有所成長、進步，家長的一聲「謝謝」特別溫暖。到現在，還常常在路上遇到有人喊我「林老師！」，原來是以前早療教過的學生的家長，說「我孩子小時候上過妳的課」，我很意外這麼老了還能被對方認出來，又驚又喜，彼此聊一聊孩子長大後的狀況，知道都健健康康的，我就很滿足很喜悅了。

我比較講求人與人之間真實的感覺，一種健康的互動，而且已經找到了。不管對象是大人或小孩或青少年，學生跟老師能互相創作、互相刺激，是很可貴的事。等到我沒有體力了，不能再親自帶著學生練體能，不能再拉他們、糾正姿勢，不能再把孩子整個人抱起來給予溫暖，我就會停下來，讓自己放鬆，玩自己的東西。而那時，一路訓練的徒弟也能獨當一面了。

重返野柳，持1975年獨舞會所著舞衣隨風起舞，紀錄片《獨舞者的樂章》劇照，2021，李立劭攝。

小時候的我喜歡冒險，東跑西跑，很會找地方。跟同伴談到未來的夢想，我的同伴希望將來能夠穿著白色的紗裙，有蕾絲邊，像公主一樣美美的。這時一架飛機越過上空，我抬頭看，對同伴說：「我希望能坐著飛機到處飛！」

我的內在一直有著流浪的性格，有時候會想，如果沒有當模特兒，如果沒有嫁給李哲洋，會怎麼樣？我是實實在在的人，出身一個再平凡不過的家庭，從小到大有許多年一直揹著擔子，婚後擔子更重。今天會走到這裡，跳舞跳成這樣，一方面是我的運氣，一方面好像也是我的性格使然。我從沒有想過要怎麼樣去叛逆，去特別表現，去出名；我是因為碰到困難覺得必須去突破，碰到問題覺得有必要去了解問題，就活成這種奇怪的命運。

我很幸運能從藝術找到出口，在舞蹈裡長出力量，透過藝術，什麼都可以用另一種角度去看。生命一站又一站，被壓住的部分，我在藝術中稍微美化一下，再繼續前進。若沒有藝術，我可能也瘋了。

人除了追求物質豐富之外，在精神上到底要做什麼？活著是要做什麼？這才是重點。我八十多歲了，到我這年紀的老人，要維持尊嚴，有趣味的活著，很不容易。二〇二二年我感染了新冠肺炎，還得了兩次，沒有走掉，就已經謝天謝地了，抽了幾十年的菸也不得不戒掉。只是，病毒對身體帶來的影響依舊殘留著，難以回復到感染之前的體能狀態，深刻感受到老人在生理上不可逆的疲弱。

雖然我也會感慨「唉！老了」，但還是繼續跳舞繼續教課。老了不代表不能工作，只要身體還有力量，就能再把能量貢獻出來，我希望自己可以做到這樣子。

人要有一點傻勁呀！不然活不下去。

特別收錄一

四名徒弟的觀課側記

訪談一劉敏、李立劭
文字整理一劉敏

編按：吳純貞、姜春年、蔡祐庭、劉敏（按姓氏筆劃序），四個人在不同時間點成為林絲緞「開發身體原舞力」的學員迄今，期間受其延攬，發揮各自專業，於身心障礙藝術統合教學上成為工作夥伴，透過他們多年來於第一線的參與和體悟，帶我們從不同視角親近林絲緞的藝術教育實踐。

觀課側記一◆吳純貞

她是我見過最努力的女人

林絲緞老師是我的恩師，她引領我接觸自閉症的小朋友，讓我發現原來我很會教自閉症的孩子；還有星期四在社大上舞蹈課的時候，身體都會得到一種滿足的暢快感，心裡也相對盈滿幸福的感覺。

我和林老師在中華民國自閉症基金會教自閉症的小朋友，她教舞蹈，我教美術，後來找劉敏，加入繪本說故事的單元，三個人大概合作了六、七年吧！每個星期一下午，大概五點多下課之後，我們會到芝山捷運站附近的越南飯館吃飯，耗盡體力的三個人，大口吃完一大盤飯菜，之後會找一間小咖啡廳，聊聊剛才課程的發現，或是生活點滴。社大下了課之後，我們幾個老學生也會坐在教室地板等她換好衣服，然後一起聊聊。林老師常說：「下了課就這樣直接走了，實在太殘忍了。大家坐下來聊一聊、說說話，才是一個好的結束。」

她常常說，想要怎樣子帶給學生一些東西，不論對象是社大的成人，或者是自閉症的小孩子。時不時就會興奮地跟我講：「純貞純貞，我告訴妳，我又有一個新的發現⋯⋯」每次我都忍不住邊聽邊想著，林老師為什麼會有這樣驚人的能力？為什麼會有這些點子？

我想或許跟她過往的生命經歷有關吧！加上長期接觸到身心障礙的小朋友，一直教到他們長大變成青少年甚至成年，這些孩子的成長、學習與變化她都看在眼裡。另外，她自己可能因為年紀慢慢的老去而有一些不同的想法，伴隨著運作身體的不同嘗試，這些都影響她在舞蹈上的教學。

林老師是一個思想型的女人，也是一個很努力的女人，是我見過最努力的女人。但是在很多方面，我覺得她要學會放下，因為她總是習慣把責任攬在身上。我看她這幾年有比較學習著放下了。她太認真了，老是覺得這個不夠好、那樣也不夠好。我跟她搭檔教學比較久，也是比較皮的學生，比較敢跟她頂嘴。有時候她講一講我看不過去，會坦白提醒說：「妳再講下去就沒有人要跟妳合作了。有時候事情也是要讓別人做，只是可能沒有達到妳的標準而已，妳再念下去，看誰還要跟妳一起做事！」

林老師跟自閉症孩子講話都很溫柔。有幾個從小看到大的學生，常會打電話給她，約她一起吃飯，林老師也會約自閉症孩子和家長到她家，煮牛肉麵、一鍋的甜不辣，大家同樂。有時家長會辦理遊覽，我和林老師都會參加。

受到林老師亦師亦友、言行身教的影響，我視自閉症學生如同自己的孩子。三個從小帶到大的自閉症學生，每一年都會約我一起吃飯，我戲稱為「四人吃飯幫」，每年輪流主辦，負責找餐廳和聯絡，到現在已經持續了八年。

上菜之前的空檔，需要我主動發問引起話題，其中一個學生會拿出自己寫的東西給我看；另外一位很會聊天；第三位學生喜歡樂團，會談五月天、麥克傑克森，多半是個別化的交流。有一個在上班，講到他在工作上的緊張和焦慮，很會聊天的那個同學也會安慰他說工作會緊張是正常的。等到上菜之後，大家就很認真吃東西，不聊天了，要硬擠出話題我也很辛苦，通常吃完飯就各自解散了，但是這份師生的溫暖情誼讓我備感珍惜。

遇見林老師，我的人生有了許多改變，讓我認識更多不同的人、事、物，生命變得豐富多彩。現在，她都八十多歲了，依然堅持親力親為，對教學的要求不改嚴謹。我想就這樣吧，改不了就不用改了，要這麼堅持就堅持吧！因為這可能是她最自在的一種方式。

吳純貞（無尾熊老師）／兒童美術造形教育教師。

觀課側記二◆姜春年

喜歡在第一線工作

我跟林老師從二〇一七到二〇一九年，三次到香港交流，讓我收穫最多的是二〇一八年帶領東華三院賽馬會復康中心院生的工作坊，連著五天實際操作，結束後隔天做成果分享。

我們把院生分三個班，第一班是自閉症組十二名，是最難帶的。第二班是坐輪椅肢體障礙組五到六名，他們因為限制在輪椅上，身體退化嚴重，是身體能力最弱的一組。第三班是跳舞班的院生，人數最多，身體能力也最好。

在輪椅組，林老師請大家把肢障的院生從輪椅抱扶下來，放在一塊很大的彈性布上面，我們和社工人員拉著彈性布，跟著音樂拉來拉去、搖晃、甩動。肢障的院生會主動抓住彈性布保持平衡，身體跟著搖搖晃晃，翻過來翻過去，被搖得哈哈大笑。

我們還運用很長很長的寬版鬆緊帶，從輪椅背後繞過，綁住兩台輪椅，由兩名老師一人各推一台，移動之間要互相呼應配合，才有辦法維持鬆緊帶一定的張力，不致鬆脫。輪椅在移動時，坐在上頭的院生，即使無法拉住鬆緊帶，但手會扶著，感受到它的彈動，和鬆緊之間的拉力感。就這樣兩兩一組搭配音樂運作，大家陸續加入，等熟悉操作之後，鬆緊帶改為直接繞在人身上，由我帶動拉著跟對方互動。院生在幾次的探索後，學會了如何用身體與我做鬆緊帶的舞蹈，肢體能力就在充滿趣味性中一併開發。

林老師也使用小球，先對輪椅上的院生滾他們全身，院生的身體隨著球扭轉，就動起來了。他們都說：「林老師，您的手像魔術師呢！」

讓他們動起來之後，再把他們抱放到彈性布上，由社工幫忙拉緊彈性布，並且搖晃他們，然後不斷的丟小球給搖晃中的院生，要他們接住球，大概有二、三十顆吧，互相之間不斷地丟來丟去，搭配著音樂，大家像是在舞動，也像是在玩球，玩得身體好快樂。

生活中常見的塑膠袋也被林老師拿來運用，用手搓出聲音，互相聽，互相搭配，產生默契，再配合音樂，玩一場聲音的遊戲，這時內心興起一種彼此連在一起的感覺。比起刻板的復健動作，這樣玩聲音遊戲，手指頭也動到了，不但有趣味，也達到人際之間的互動。

協助操作了幾次輪椅、鬆緊帶的互動之後，社工們更有概念，發現輪椅的方向性更多了，不只是向前、向後、左轉、右轉而已。輪椅不再只是交通工具，尤其當社工推著所有的輪椅，放上音樂，在場中旋繞、流動，跟著旋律交錯的線條，散發出喜悅，本來被限制的身體，有了自由的感覺。在身體操作的最後一天，輪椅組院生每個人都精神奕奕，笑咪咪的期待上課，身心整個活絡了起來。

老實說，這是我第一次看到林老師操作身障者的肢體開發，看到差點下巴掉下來，覺得很驚奇。林老師是如何判斷要這麼做的？這樣做可以引發什麼？這些問號一直放在我的腦海裡。

在院生工作坊的前一天，我們先針對藝術治療師、社工等第一線工作人員做大型肢體開發工作坊，這些人大多都出席了院生工作坊的成果發表分享，有將近六十名。我們把實際帶領三個班院生的上課紀錄和成果，以照片和影片呈現，五天之間院生的變化或是進步的狀況對照，以及動作教學，也整理成表格投影出來，跟大家說明。

我記得，第一天林老師跟那些第一線人員闡述她的教學理念和身體發展的概念時，大家看起來有聽沒有懂，等到最後一天看了成果發表，親眼目睹院生短短五天內的變化，大家就懂了。看到固著的自閉症院生，居然可以接受變來變去操作身體，不會生氣，願意跟著動，而肢障院生的肢體操作也獲得很多的開發，印證了林老師設計的課程確實可以提高院生身體的功能性，讓他們都覺得不可思議。林老師因院生的進步而開心，也很有成就感，這時我感同身受為何她常說「喜歡在第一線工作」。

東華三院工作人員從來沒看過可以這樣帶身心障礙者運作身體，很希望將林老師的方法放入課程，但是他們沒有動作教育基礎，不知道怎麼操作，對引導肢體創作也很生疏。機構主管對於林老師操作肢障身體開發的方式，意見亦有分歧，有所顧慮，最終還是以安全為考量，不敢冒險嘗試。

林老師很喜歡工作和教學，很少放鬆出國旅行。三次到香港交流，偶爾有一些空檔，我們就到飯店小酒吧，喝點酒、抽抽菸、聊一聊課程，或者抽空去逛逛街，買買東西，老師會問：「買這個好嗎？」大家都說：「很好啊，老師喜歡就買啊！」她也很享受這樣放鬆的片刻，有一種幸福感吧！那時候，我心中的林老師，不只是老師，而是很生活化，有一種媽媽的感覺。

姜春年（春捲老師）／插畫創作者，繪本推廣與創作、社區劇場工作坊、兒童美術及特殊藝術創作教師，現為臺北市藝術統合教育研究會總幹事及教師，與特殊生進行舞蹈、遊戲、美術、繪本等藝術領域互動探索的工作。

觀課側記三◆蔡祐庭

教學是一場共同的創作

我是帶著瑜珈和靜坐的身體經驗進到「開發身體原舞力」的，那時還是靜坐新手，很挫折，常常責備自己怎麼都沒辦法安靜下來收攝心神，沒想到跟著林老師一堂堂課上下來，在舞蹈的過程中意外得到了未曾預料的平靜。自己怎麼用身體跟自身、跟整個空間、跟他人對話，怎麼保留個人獨特的身體語言並表達出來，同時讓團體取得和諧感，那種舞蹈當下的經驗，兼具理性跟感性。

我覺得某種程度來說，舞蹈非常接近靈修，接近身心鍛鍊的本質。當你跳到一個狀態，很投入到舞蹈的情境裡時，其實會忘掉你的身體、環境、旁邊的人，處於一種動的狀態，卻很在自己的內在裡面。林老師很清楚學生的狀態，所以常常提醒我們舞蹈不可以自溺，要保有一定的理性，而她本身就是對社會環境、對人充滿關懷，令我非常感佩。在藝統會工作的這些年，我很感謝林老師，一直待在第一線教學。她本身就是一項精神資產，包含她的教育理念以及她帶來的人。

在我的眼裡，藝統會的教學，並非是「教」與「學」，而是我們可以給孩子分享什麼，學生從中會獲得什麼，這是我們核心的工作。每一場的教學過程，都是一場共同的創作。

我在做園藝療癒，與大自然一起工作。對大自然來說，一個生態系的生物樣貌越豐富，就越穩定，教學也是如此。在園藝的課程裡，我會運用林老師的肢體開發，用白色的布，接住落葉，讓學生踩踏，嗅聞落葉的香味，聽踩踏的聲音，在落葉中玩耍。我們也會拿枯枝和落葉，生火，觀看像舞蹈一般跳動的火苗。

跟學生們一起工作那麼久，我常比喻他們就像水晶，透明且純淨，這樣的單純本身，就具備療癒的力量，這是他們常被忽略的價值。

我很喜歡一句非洲諺語：「要養一個孩子，需要一整個部落。」我想，藝統會正是在形成一個部落，大家在一起，是一起做不一樣的事情，又都有自己的角色。這個部落裡面最有感觸的應該是家長，投注最多資源進來的，也是家長。家長們都希望孩子是快樂的，找到自己喜歡的事情。這也是林老師一直在提醒我們的，必須找到他們既有的能力，再協助他們拉出更多的能力。

在藝統會工作的教師，在這一片充滿滋養的土壤中，也會跟著蛻變與成長。春捲老師本身的變化，就是藝統會變化的軌跡。他是我「原舞力」的同學，做視覺藝術創作，本來是一個很純粹的美術老師，參加師資培訓後成為藝統會一員，在北投農場做了許多藝術性的實驗，辦理營隊，想像部落的生活，後來把北投的經驗，帶到和平東路公寓的教室，把大安森林公園變成另一個「農場」，現在又回到象山農場的自然環境裡面，教學上也邁入成熟期，非常多元和寬廣。

藝統會能夠存在，是一個奇蹟。我們在物質層面是欠缺的，但一路上形成一個匯聚能量的過程。就像一顆大石頭，要讓它滾動很吃力，但是一滾動起來，它會帶動周邊的能量。藝統會在啟動後，緩慢的滾動起來，過程吃重，但是越滾越大，慢慢的資源就投入了。這個過程中，必然也有被甩出去的東西，但是又會重新再聚合，主要是那個核心都沒有變。

而這整個過程中創造出來的東西，也是很「美」的。

蔡祐庭（柚子老師）／資深園藝治療師，臺北市藝術統合教育研究會創會總幹事與第三屆理事長。

觀課側記四◆劉敏

「鬥」的根氣

林老師的身心障礙者肢體開發的理念，是要從有趣、好玩的身體遊戲當中，注入動作的教育，達到開發身心的功能，並且兼顧美學的要素。尤其是自閉症或是過動的孩子普遍因防衛機制，身體的碰觸敏感，抗拒牽手，或是注意力短暫，即使牽手了，一下子就放開，很難持久。

記得二十年前，我第一次到肯納自閉症基金會跟林老師教課，發現沒有一個孩子會看著老師，呼喚他們的名字，也不會回應，牽手也一直抗拒，小手掌轉來轉去一直要掙脫老師的牽手，林老師就開始先牽一、兩個孩子，並且要其他老師、助教或是家長們協助牽手，齊聲一直說「牽手上課了，牽手上課了，牽手上課了……」聲音還必須柔和，大概喊到二十遍左右，才能夠整頓成一個圓圈。林老師經常說，要先「熱機」再注入教學。如果大家都圍起來了，講「牽手上課了」的速度就要加快，步伐也要加快，喊得我上氣接不了下氣，但是林老師還在喊，她的中氣、還有體力怎麼能撐那麼久？我心想，我比她年輕二十歲，可不能漏氣啊！

這種啟動、熱機、加速，最後飆車，帶來一種很「嗨」的感覺，孩子整個就專注起來了。

林老師的教學裡面，有一種叫做「結構性」的教學，將學生「夾」在全體的身體結構當中，進行空間流動的變化。自閉症的孩子最不喜歡突如其來的變化，可能造成抗拒或是哭鬧，從圓形開始的結構變化，像是圓圈拉大、縮小、右繞、左繞等等，都是漸進的，也是有預告性的，讓孩子有心理的預備，或是期待，吸引孩子的注意，減低了身體接觸的抗拒。

在運用時，可以依照孩子的年齡、狀況，以及學習目標的需求，做一些改變。例如早療的課程，需要語言與認知同時教學，圓圈變大的時候，加上重複的口語：「大、大、大、大～大～大～！」用身體先感受到「大」的感覺，如果剛好要講小螞蟻吃西瓜的故事，就可以加上口語：「大大大大，大西瓜。」變小的時候說「小小小小，小螞蟻。」等等，進行身體與語言、認知同時運作的教學。

幾乎每一堂課都是從牽手圍圓圈開始，學生逐漸習慣，也學會合作，他們的能力就出現了，下課的時候，也是牽手圍圓圈結束。林老師在上課時，有時也會嚴肅，是為了整頓課程的進行，但是在下課時，一定是帶著笑容溫柔的問孩子們：「喜歡跳舞嗎？」「今天玩得開心嗎？」「我們下次再見了。」

林老師還發明一種「圍攻教學」，一個人躲來躲去，另一個人用身體圍著對方，好像在追逐，也好像在跳雙人舞，躲的人要是躺到地板，圍的人也四肢著地，用一個山洞的樣子圈住對方，隨著對方翻滾或爬行，圍的人也不斷地移動身體追隨，看起來很好玩，其實很耗體力，卻也很派得上用場。

我觀察到林老師很少對孩子用語言做說明，幾乎完全用「身體」來解決教學上的問題。當孩子無法進入教學圈裡面，就用圍攻教學，像在跳舞，實際卻是想辦法圍孩子進入狀況。

二十年前開始跟林老師一起教課，看她汗流浹背抓著孩子倒立走路，那些耗盡體力的課程，日復一日不斷的重複，到現在，在象山，她仍在第一線，帶著青年學生一起運作身體，開發他們的能力。這麼多年來，我深刻地感受到林老師堅強的毅力，從未退縮，從未懷疑，只有不斷的探討和實際的操作，我覺得自己身為協同教學者，自身的能力同時也被開發出來，跟著學生一起成長。

林老師可能從年輕時代開始，骨子裡就有一種「鬥」的根氣，這種日本人所謂的根氣，是很深刻的從骨子裡長出來的東西。林老師常說，要跟學生「鬥」，除了常常要想出教學方法的「鬥智」之外，也要「鬥志」，考驗當老師的體力和意志力。我想，她喜歡在第一線工作，是跟她的生命有著深深的連結吧！

——劉敏／早療繪本課教師，視多障青年肢體開發教師，藝統會舞蹈課助理志工。——

特別收錄二

四位家長的陪伴寫真

採訪整理－劉敏

編按：感謝四位家長現身說法，分享對自己孩子接受藝術統合教育的種種觀察和心情，以及對未來的期許，希望有助於一般讀者更能同理想像、甚至理解尊重這些孩子們的學習需求，共同發揮更多元的支持力量。

陪伴寫真一◆小儀媽媽

希望每天都能來這個大自然教室增進能力

我的孩子一緊張起來，四肢會僵硬，有人靠近會警戒。在藝統會願意跟別人牽手，真是奇蹟。在學校裡，她喜歡幫助班上的身心障礙同學，但是常因為力道拿捏不準而太大力。在藝統會的舞蹈教學中，慢慢學會緩衝，知道力量的輕重。

最近的另一個進步是，當她腦部不正常放電造成疼痛時，她會用手摸著頭頂，讓身邊的老師知道她不舒服，以前都非要找媽媽不可，現在能夠接受身邊人的協助，真的讓我鬆了一口氣。她還會模仿藝統會的老師們，對自己說：「放輕鬆，不要緊張。」「頭要趕快好起來喔！」連她的醫生都覺得「不可思議，一個平腦症的孩子，為何能夠事先如此有感覺，學會緩衝自己的疼痛？」

我想是藝統會林老師的肢體開發課，慢慢開啟了她對自己的身體意識。

她從五、六歲到北投農場的藝統會，到現在十八歲，已經十一年了，可說是藝統會的元老學生。藝統會搬到和平東路一段，再來是象山農場，離我家越來越遠，我都放棄了，不想繼續帶她去，中間曾經帶她去探望一下，沒想到見到老師們，竟然哭得好傷心。我才警覺到，小孩有權利選擇學習的環境，再遠我也要送她來。

藝統會的課程都是「量身訂做」的，快樂，才能夠學習，她期待星期天的「假日學校」課程，會在前一天晚上穿好第二天要去藝統會的衣服睡覺，可見對孩子而言在這裡才是最開心的。

未來，我不想讓她每天只做加工作業，想等她高中畢業後，直接參加藝統會的「小幫手計畫」，希望每天都能來這個大自然教室，增進她的能力。身體是無可限量的，她未來應該會找到一條路，能夠讓她貢獻、讓她負責任的一條路。

陪伴寫真二◆小軒爸爸

自閉症的孩子是可以學習做事情的

女兒第一次參加藝統會的活動，是北投農場五天的過夜夏令營，在她十歲之前，我們從未做過這麼大的嘗試，幾乎都是自閉症的孩子參加，聽說帶營隊的老師們辦完活動幾乎脫了一層皮啊！小軒從那時候開始，就愛上了藝統會的假日學校。

自閉症像一個光譜，各有不同的差異性。女兒從小對聲音極其敏感，假日學校也有許多其他學生發出來的聲音，或是躁動的狀態，可能引發她的緊張、恐懼，甚至哭起來。即使如此，她還是很喜歡來藝統會。除了老師們的耐心，注重個別差異、教學的步調、還有午餐的飲食，都是吸引小軒的因素。本來這就是一個花花世界，有喜歡的、也有不喜歡的，我也希望孩子從中學習，減低敏感度。

我們家長很了解藝統會注重個別化的教學，跟老師們培養了默契，星期日送孩子到藝統會，我們很放心，也有個緩衝的時間，老師們也因為孩子們的持續參加，研究他們，配合他們的年齡和變化，設計出合適的課程。

現在社會上這樣的孩子，只會多，不會少。希望藝統會藉由我的孩子，研究出更多合適的課程或是活動，服務更多更小的孩子。

只要有焦點，拉長專注時間，自閉症的孩子是可以學習做事情的。我計畫小軒高中畢業後，繼續來象山學習，她對做菜、食物，特別有興趣，有吃的她是最開心的，平常會在廚房幫媽媽的忙。如果設計一個「廚藝小幫手」的主題工作，相信小軒可以當很好的二廚或是三廚。未來是運氣，她能否自食其力，也很難講，但我相信她是能夠有所貢獻的。

陪伴寫真三◆小豪爸爸

林老師要家長們學會放手

星期天，是我的週休一日。

小豪是嚴重的肌肉低張力的孩子，從早療開始，就需要很多肌肉力量的訓練。五歲開始到中華民國自閉症基金會，接觸到林老師的肢體開發課。後來長大一些，參加師資培訓的實習課，同時我自己也是藝統會的創會理事，一直跟著藝統會，沒有間斷過。

在北投農場期間，我不放心，都跟課。林老師要家長們學會放手，指派一位舞蹈男生志工專門照顧小豪上課，慢慢的我也開始放手。

象山農場在大自然裡，環境豐富，與人有更多的交流，加上小豪也逐漸長大成年，他的肢體能力明顯的變化，核心肌力提昇，表情也更為豐富。老師和志工們都很熟悉且能夠掌握他的狀況，一起上課的同學們，都很善良，會照顧能力較弱的小豪，帶著他一起跳舞。

所以藝統會讓我很放心，一早送孩子來這個假日學校之後，我都笑稱「星期天，就是我週休一日」。

小豪平日白天在機構裡，也會到基金會辦的健身房，讓職能治療師訓練運動動作；也跟教會的團體參加元旦紀政主持的健走活動，到現在走十公里沒問題。

單打獨鬥會很辛苦，家長們應該團結合作，同溫層的家庭彼此互相照應，就像一個大家庭一樣。

對家長來說，農場，是一個不可多得的地方。隨著孩子們年齡增長，我強烈的希望藝統會未來在象山農場也能夠建構一種類似家庭的社區家園，並且常態化到平日時間。在這裡，孩子們可以一起種菜、賣菜、養雞、賣雞蛋、畫畫、舞蹈、創作等等，共融地生活與學習，將是給特殊家庭最大的支持。

陪伴寫真四◆小鐘爸爸、媽媽

孩子的記憶力和專注度明顯提昇

孩子從小患有視覺障礙，且記憶力不好，常常忘東忘西。在高職畢業前夕，嚴重發病住院，剛出院時，記憶的字串不到十個字，說話斷斷續續，邏輯無法統一，注意力短暫，使得學習停滯不前。

小時候的視覺教育教師謝曼麗老師，介紹小鐘到北投農場的藝統會上課，這十年來，有極大的進步。第一是身體協調性變好了，跳舞的動作也變得好看。第二是記憶力和專注度有明顯的提昇，我曾問醫師，服用的藥物是否會改善腦部的記憶力，醫師說不會。請教林老師之後，得知日本有研究指出，肢體的開發會反饋到大腦，可能因此改善了記憶力。

我也觀察到其他的同學們，小時候基本的動作都沒發展好，現在看到大家跟小鐘一樣，也一起提昇，進步許多，動作多樣，變得很有創意。

藝統會的老師們，都會配合學生們的步調，耐心的教導，這使得他們覺得安全，可放心的學習。

小鐘因此更了解自己的身體，享受把武術放入舞蹈當中。他的創造力不斷的出現在繪畫、手作道具，以及裝扮的設計當中，每次去象山，都要我們幫忙張羅大包小包的材料，然後在下課後，表演給老師和同學們欣賞，幻想自己是武林高手，並且請人幫忙錄影、剪輯，放上YouTube，變成他自己的頻道。

現在，小鐘能說一段很長的話，喜歡跟人對話，也能夠聽很長的故事，影片連續看好幾集，都能夠了解內容和脈絡。

十年來，從自己孩子的經歷，可知精神有狀況的人，只是這個部分有障礙，其他的認知功能仍然會發展，甚至因而減輕原來弱的部分。經過修復、重建和學習，是可以繼續成長的。

林絲緞大事記

1940年代

1940
● 出生於台北市和平東路，本名卓系緞，生父為龍岡國小日籍教師。
台灣處於日治時期。

1945
● 二次世界大戰結束，日本戰敗。生父遣返回日本，母親隨去，後因祖母反對，結束了這段異國戀情。
蔣介石任命陳儀為「台灣省行政長官」。

1946
國民政府推行國語政策。

1947
二二八事件爆發。

1948 國民政府公告實施「動員戡亂時期臨時條款」。

1949 中華民國政府遷台，頒布戒嚴令，台灣進入白色恐怖時期。

1950年代

1950 台灣實施地方自治。

1951 台灣省政府教育廳責令各級學校禁止使用方言。

李仲生等六位畫家於台北市中山堂舉行「現代繪畫聯展」，台灣現代主義繪畫開始發聲。

1952 詩人紀弦創辦《詩誌》、隔年再創辦《現代詩》季刊，開啟台灣現代詩運動。

蕭孟能夫婦創辦文星書店，其出版品對台灣現代文化、思想的推進影響甚大，一九六八年被迫停業。

1953 韓戰結束。

蔡瑞月創立中華舞蹈社。

1954 中華文藝協會發起「文化清潔運動」，籲共同撲滅「赤色的毒」、「黃色的害」、「黑色的罪」。

1955 官方發起「戰鬥文藝運動」奠基國府政權文藝政策基調。

1956 ● **九月，到張義雄位於第九號水門畫室擔任模特兒。**

1957

- 開始於師大美術系任職模特兒（當時系主任為黃君璧），並開始與袁樞真、廖繼春、馬白水、陳慧坤、莫大元、李石樵、孫多慈、郭軔、張道林、林玉山、闕明德等教師共事。
- 開始學舞。
- 離開張義雄畫室。半年後至賀夢華畫室，約一年。
- 開始學車繡。
- 到許清誥舞蹈研究社學習古典芭蕾。

五月畫會、東方畫會成立並舉辦展覽，帶動台灣現代繪畫創新。

1958

- 離開賀夢華畫室。
- 冬天開始到楊英風處擔任模特兒。
- 透過楊英風介紹擔任攝影家郎靜山的模特兒。開始兼任攝影模特兒。

藝評家顧獻樑回國，介紹現代藝術及世界藝壇動態。

金門八二三砲戰。

1959

- 春季離開楊英風處。每週日到萬華高職新契畫團。
- 冬天獨居涼州街。到游祥池畫室。
- 隨康嘉福學古典芭蕾。

1960年代

1960

- 春天遷回原居。到洪玉純畫室。
- 夏天遷到台大對面寄宿。秋天離開洪玉純畫室。
- 於台北市南京東路創辦「獨立畫室」。

「雷震事件」發生，《自由中國》雜誌停刊。

1961

- 四月，畫室遷至和平東路，並改名為「絲緞畫室」。
- 五月二十六至二十九日，於台北市衡陽路《新生報》新聞大樓三樓舉辦「第一屆人物美展」，展出多位畫家及雕塑家以林絲緞為模特兒的九十七幅畫作及十四件雕塑作品，包含楊英風、馬白水、洪瑞麟、袁樞真、李梅樹等藝術家都參與，共三萬人次參觀。
- 夏天，應台北女子師範學校的許家騏老師之邀，至其舞蹈社兼課，教兒童芭蕾，次年並協助主持東園分班持續約半年。

1962

- 於基隆藝文圈認識當時於基隆三中教書的李哲洋。

第一家官方電視媒體「台灣電視台」開播。

1963

- 許清誥先生過世。
- 於台北縣永和鎮創辦「東方藝術舞蹈研究社」。

電影《梁山伯與祝英台》在台上映，掀起梁祝熱。

1964

- 十二月五日，首次「絲緞師生舞蹈表演會」於北市中山堂舉行，發表現代舞蹈作品〈孤人綺夢〉、〈我的世界〉。

1965

● 十二月，開始於《中華日報》連載《我的模特兒生涯》專欄。

中國文化學院（今中國文化大學）設立五年制舞蹈科，為台灣舞蹈教育體制化之先。

● 一月十八日，《我的模特兒生涯》（台北：文星）一書出版。

● 《林絲緞影集》出版。

● 於衡陽街第十信用合作社三樓舉辦「絲緞攝影聯合展覽會」，共七萬多人次參觀。正式告別模特兒工作。

● 籌備兒童舞劇「青鳥」，徐松榮作曲，李哲洋編劇，後因資金未到位放棄。

1966

● 一月，李哲洋帶路陪同史惟亮與德籍學者，前往花東採集原住民音樂，啓開民歌採集運動。

● 四月二日，與李哲洋結婚。

1967

華裔美籍舞蹈家黃忠良於蔡瑞月的中華舞蹈社開設短期現代舞研習課程，帶給台灣舞蹈界很大啟發，林絲緞亦前往觀摩。

1968

● 丈夫李哲洋獲日本洗足大學入學許可，為籌措費用賣掉敦化北路房子，後李哲洋因政治黑名單出國未獲准。

● 長子李立劭出生。

台灣開始實施九年國民義務教育。

1969

大力水手事件，作家柏楊被捕，判刑十二年。

1970年代

1970
- 女兒李之旋出生。
- 李哲洋譯著《舞劇與古典舞蹈》出版，其中收錄「青鳥」兒童舞劇分場大綱。

首檔電視布袋戲《雲州大儒俠》播出，風靡全台。三年後政府以影響農工作息為由停播。

1971
中華民國退出聯合國。

呂秀蓮倡導「新女性運動」揭開台灣婦運序幕。

李哲洋主編的《全音音樂文摘》創刊，於一九九〇年一月停刊。

1972
- 李哲洋譯著《教育舞蹈原論》出版，激發林絲緞省思舞蹈於教育之應用。

台日斷交。

政府推動「客廳即工廠」，鼓勵家庭從事副業。

1973
- 成立「林絲緞舞蹈工作室」，開始從事啟發式舞蹈教學研究。

行政院長蔣經國提出「十大建設」計畫。

林懷民創立雲門舞集。

1974
美國現代舞蹈藝術家瑪莎·葛蘭姆首度帶領舞團訪台演出。

1975
- 五月十四、十五日，於台北市中山堂舉行「林絲緞獨舞會」，發行林絲緞舞集畫刊。

四月五日蔣介石於總統任內逝世，全國進入一個月國喪期，禁止娛樂。

1976

- 於永和佳美幼稚園從事「創造性律動」兒童啟發式舞蹈教學實驗。

洪通畫展於台北市美新處，朱銘首次個展於國立歷史博物館，兩者為一九七〇年代美術鄉土運動代表性展覽。

李雙澤在淡江大學一場西洋民謠演唱會上提出「唱自己的歌」，催生台灣「校園民歌運動」。

劉鳳學創立新古典舞團。

1977

鄉土文學論戰白熱化，擴大影響到文化各領域。

1978

- 開設婦女舞蹈班課程推展「生活與舞蹈」理念，藉啟發式教學法引導學員抒發情感、刺激自覺、培養健康身心，使舞蹈融入生活。
- 四月，於台北市實踐堂舉行第一次「生活與舞蹈」成果發表會。

美國政府宣布台美斷交。

1979

高雄「美麗島事件」爆發。

呂秀蓮被捕入獄，台灣婦運陷入沉寂。

1980年代

1980

- 一月，於台北市中山堂舉行「兒童啟發式舞蹈教育觀摩會」，並出版《兒童啟發式舞蹈教學》專書。

1981

蘭陵劇坊成立，開啟台灣小劇場運動。

- 三月，於台北市國立藝術教育館公演第二次「生活與舞蹈」成果發表會。
- 四至九月，於紫藤廬開辦「生活與舞蹈」班。

教育部於國中、小學設立舞蹈實驗班，開創台灣舞蹈教育新模式。

文建會成立。

1982

- 與陳芳蘭合作，參與「水芹菜兒童劇團」教學活動。

李元貞等女性共同創辦《婦女新知》雜誌，傳播女性主義思維。

1983

- 赴美遊學，進修、觀摩舞蹈及教學活動。

國父紀念館拒展「年代美展」八件裸體作品。

台灣新電影崛起。

1984

《特殊教育法》公布施行

1985

北美館將李再鈐紅色雕塑〈低限的無限〉噴漆換成銀色，引發爭議。

1986

- 年初於台北市溫州街成立「林絲緞舞蹈音樂藝文中心」，實施「藝術統合實驗教學」，依循兒童的本性，將舞蹈、音樂、文學、美術融為一體，以啟發式教學讓兒童在學習中認識自己，進而認識群體，並激發潛在的原創力，培育健全人格。

1987

- 八月，與中華兒童美術教育學會於國立藝術教育館聯合舉行「唱唱、跳跳、畫畫——創造性兒童藝術發表會」，並將教學研究資料集結出版《啟發式兒童舞蹈教育》一書。

台灣解除戒嚴令。

1988

● 台灣黨禁解除。

開放台灣人民赴中國探親。

國家音樂廳、國家戲劇院啟用。

應邀與「中華民國自閉症基金會」合作，進行身心障礙兒童舞蹈治療與親職教育活動。

中華民國自閉症基金會成立。

台灣報禁解除。

1989

● 文星書店再度編修出版《我的模特兒生涯》。

中國天安門事件。

樹仁基金會成立彩虹樹劇團，提供身心障礙學員藝術創造及表達空間。

1990年代

1990

● 先生李哲洋過世。

● 七月，再度成立「兒童藝術統合教育實驗班」。

二二八事件歷史列入高中教科書。

台灣野百合學運。

1991

● 三月，於國立藝術教育館舉辦「啟發、創造、自然——兒童藝術統合教學成果發表會」並出版展演圖錄。

「動員戡亂時期臨時條款」廢止。

網際網路開始普及。

1992

舞蹈家古名伸，正式將接觸即興舞蹈引入台灣。

1993

第一次辜汪會談，為一九四九年以來兩岸在官方授權下首度正式接觸。

1994

四一〇教改大遊行，訴求從小學到大學全面教育改革。

1995

● **三月，於國立藝術教育館與植物園舉辦「圓園夢——兒童藝術統合教學成果發表會」。**

● **於花蓮舉辦「雲．海——環境教育與藝術統合教學發表會」。**

李登輝總統代表政府正式向二二八事件受難者致歉。

林麗珍創辦無垢舞蹈劇場。

1996

● **溫州街教室「林絲緞舞蹈音樂藝文中心」停業，開始與不同單位合作教學，慢慢將教學重心轉移至身心障礙藝術統合教育。**

中華民國總統及副總統首次公民直接選舉。

國家文化藝術基金會成立。

1997

● **四月，應桃園縣生命線協會邀請參與「心靈環保．擁抱大地」系列講座，並於五月二十五日在桃園市陽明公園舉辦「藝術統合教育親子活動」，於現場進行裝置藝術及民眾舞蹈。**

十月二十一日雕塑家楊英風過世。

1998

台北市文山社區大學成立，為台灣第一所社區大學。

1999

- 應邀於永和市社區大學開設「開發身體原舞力」課程迄今，提供社會人士抒發心靈、放鬆身心之管道，並教導學員身體自覺，提昇自信、自主，透過藝術帶動公共關懷意識。

實施七十年的「出版法」廢除。

2000年代

2000

- 十月二十七日，應邀於交通大學「人文、藝術與科技——楊英風國際學術研討會」演出舞蹈作品〈舞動景觀〉。

2001

- 二月，雷驤及吳季札於誠品書局敦南店舉辦「李哲洋先生逝世十週年追思音樂會」，演出舞蹈作品〈魂牽〉。
- 八月，參與「蔡瑞月邀你共度陽光假期」，與蔡瑞月一同舞蹈遊行。

教改「國民教育九年一貫課程」試行，於二〇〇四年全面實施。

花蓮肯納園啟用。

2002

台灣「兩性工作平等法」施行。

廢除聯考，「大學多元入學新方案」施行。

文建會開始推動文化創意產業。

台灣舞蹈治療研究協會由李宗芹於台北市成立。

2003

- 夏日膽結石手術。

- 李立劭創作以唐氏症及林絲緞教學為主題之紀錄片《彩虹上的孩子在跳舞》。
- 台北市立師範學院視覺藝術學系碩士論文《裸體、藝術與社會：以人體模特兒林絲緞為研究線索》，游淑婷撰。

社群網路出現。

三月台灣爆發 SARS 疫情，同年七月自 SARS 感染區除名。

陳其南接文建會，提倡文化公民權、公民美學運動。

2004

- 永和社區大學「開發身體原舞力」課程榮獲全國社區大學評鑑特優。
- 應「肯納基金會」之邀，開設自閉症兒童藝術統合治療班。

2005

- 參與北區社區大學聯合發表。
- 參與台灣北社於台北市中山堂「看見女人．看見台灣」座談活動並於現場獨舞。

2006

- 五月，應身體氣象館之邀參與「障礙非不能：反思、反動、反視—第五屆第六種官能表演藝術祭」，於台北牯嶺街小劇場進行「看與被看——美感的可能性」舞蹈教育／治療教學演示。

2007

- 擔任中華民國自閉症基金會主辦之「啟發式兒童肢體遊戲暨藝術統合教育師資培訓」指導教師（負責肢體開發／啟發式動作遊戲與親子教學），課程為期兩年。其他師資包括：王墨林（藝術美學／殘障者的表演藝術）、林淑玲（戲劇治療）、段健發（藝術統合教育的理論與實務）、吳純貞（美術造形）、劉敏（故事劇場）。

第一代 iPhone 問世，帶動智慧型手機逐漸普及於生活應用。

2008

雲門舞集八里排練場失火，引發台灣社會對表演藝術環境的反思。

2009

● 擔任由教育部特教工作小組、國立台北教育大學教育學院特殊教育中心、新生活社會福利發展促進會合辦之「身心障礙幼兒藝術統合服務方案師資培訓計畫」授課教師，計畫為期兩年。

2010年代

2010

中華民國縣市五都改制。

2011

● 十月，臺北市藝術統合教育研究會（簡稱藝統會）成立，由林絲緞擔任創會理事長並教授相關課程，教學據點設於北投逐風農場。

● 參與藝術家大塚麻子於當代藝術館之作品〈林絲緞與肉宇宙〉並為現場舞者編舞。

2012

● 五月二十六、二十七日，藝統會舉辦由楊欣如策劃、結合五感的「緣動動源」藝術活動。

● 藝統會開始每年舉辦一至二梯次的師資培訓、志工培訓，並開始於每年寒暑假規劃融合教育的冬／夏令營活動，林絲緞均親自參與授課。

● 國立東華大學特殊教育學系碩士論文《藝術統合教育方案師資培訓歷程及其成效之研究》，李秋碧撰。

文建會升格為文化部。

2013

● 五月三十一日，藝統會和平東路教室成立。

● 國立東華大學特殊教育學系碩士論文《自閉症兒童在藝術統合教育方案學習表現之研究》，廖美鈴撰。

2014

- 八月三十一日，藝統會正式遷離北投逐風農場，改以和平東路教室為據點。

台灣太陽花學運。

2015

- 世新大學性別研究所碩士論文《林絲緞的平面媒體與再現解構》，余威璇撰。

2016

- 六月四至十一日，與藝統會赴日本參訪五個身心障礙機構。
- 十一月二十日，與藝統會共同策劃參與《身體×創造：「藝術統合教育」的表達性育療》講座，於牯嶺街小劇場「第十屆第六種官能表演藝術祭．表演人權論壇」。

2017

- 四月十三日，於北投文物館「郎靜山攝影藝術特展」中，率領學生一起演出紀念舞作。
- 十月十四日，應臺灣戲曲中心邀請，參與松本薰裝置藝術作品〈Cycle-90°風之舞〉公共藝術造景舞蹈演出。
- 十月底，與藝統會應東華三院賽馬會復康中心之邀赴香港交流，對當地藝術治療師、社工等一線工作人員進行大型工作坊。

2018

- 三月三十一日，藝統會搬離和平東路教室，辦公室暫設於庫倫街。
- 四月，與藝統會應東華三院賽馬會復康中心之邀赴香港交流，對一線工作人員與院生分別進行工作坊。
- 八月十五日，藝統會遷至象山教室。

2019

- 四月，與藝統會應東華三院賽馬會復康中心之邀赴香港交流，並進行工作坊。
- 五月十八日，與藝統會受邀至香港參加「智障人士的藝術發展」國際研討會，進行實作工作坊。
- 五月二十二日，參與驫舞劇場主辦《重製場》之林絲緞×張中煖講座，談自身經歷的舞蹈發展脈絡。

- 九月三日，應邀於蟲舞劇場策劃之《混沌身響》系列演出：第四季第一番林絲緞與其弟子×林桂如&洪于雯。
- 九月至十一月，由大塚麻子策展，進行松本薰／風動藝術 vs 林絲緞／校園舞蹈創作計畫，並在十二月八日於台大戶外校園發表成果「偶然與必然」演出，結合台大學生與永和社大及藝統會師生共同創作。
- 國立臺北教育大學心理與諮商學系碩士論文《當身體感動：瞭解泛自閉症青少年之身體動作經驗——以林絲緞之團體工作模式為例》，張雅舒撰。

台灣同性婚姻合法化。

2020年代

2020

- 七、八月，於藝統會舉辦之「藝術統合教師研習計畫」教授動作教育／舞蹈療育課程。

新冠肺炎疫情蔓延，衝擊全球民生與經濟。

2021

- 李立劭導演以母親林絲緞生命歷程創作紀錄片《獨舞者的樂章》。

2022

- 兩度感染新冠肺炎。
- 十二月四日，藝統會於台北市剝皮寮舉辦為期九天的「象山裡的朋友：山腳下藝術祭」。
- 七、八月，於藝統會舉辦之「藝術統合教師研習計畫」教授動作教育／舞蹈療育課程。

2023

- 夫婿文章作品集結成《李哲洋談樂錄》出版。

全球新冠肺炎疫情趨緩，防控解封。

參考資料

- 丹尼爾．高曼（Daniel Goleman）著，張美惠譯，《EQ》（*Emotional Intelligence*），1996。台北市：時報文化出版。
- 平珩主編，張中煖等著，《舞蹈欣賞》，1995。台北市：三民書局。
- 朱光潛著，《文藝心理學》，1974.12 重八版發行。台北市：台灣開明書店。
- 李立劭，紀錄片《彩虹上的孩子在跳舞》，2002。台北市：未出版。
- 李立劭，紀錄片《獨舞者的樂章》，2021。台北市：未出版。
- 李立劭，人物訪談錄稿（李元貞、詹和悅、張雅舒、吳純貞、姜春年、蔡祐庭、劉敏、高穎琳、涂靜儀），2019-2022。台北市：未出版。
- 邦正美著，李哲洋譯，《教育舞蹈原論》，1979。台北市：大陸書店。
- 林絲緞，《我的模特兒生涯》，1965。台北市：文星書店出版。
- 林絲緞、許婷雅、段健發編著，《啟發式兒童舞蹈教育》，1987。台北市：理科出版社。
- 林絲緞 1964 以後剪報及雜誌資料。

- 林懷民，《說舞》，1981。台北市：遠流出版。
- 張三、林慧端、段健發合編，《啟發、創造、自然：兒童藝術統合教學成果表會》展演圖錄，1991。台北市：理科出版社承印。
- 張春興，《張氏心理學辭典》，1989。台北市：東華書局出版。
- 游淑婷，《裸體、藝術與社會：以人體模特兒林絲緞為研究線索》，2003。台北市立師範學院，視覺藝術研究所碩士論文。
- 葛德納（Howard Gardner）著，林佩芝譯，《創造心靈》（*Creating Mind*），1997。台北市：牛頓出版社。
- 臺灣當代舞蹈年表研究與彙編計畫，2021。國藝會。
- 劉昌元，《西方美學導論》，1987。台北市：聯經出版社。
- 鄧肯著，詹宏志譯，《鄧肯自傳》，1985。台北市：遠景出版。
- 鍾明德，《舞道：劉紹爐的舞蹈路徑與方法》，1999。台北市：時報文化出版。
- 羅恩菲爾（Victor Lowenfeld）著，王德育譯，《創性與心智的成長：兒童美術發展心理學》。台北市：啟源書局印行。
- 蘆原英了著，李哲洋譯，《舞劇與古典舞蹈》，1970。台北市：全音樂譜出版社。

獨舞者的樂章

林絲緞的藝術異端人生

作者（口述）	林絲緞（卓系緞）
採訪整理	段健發
	劉敏（第十一章、特別收錄）
總策畫	李立劭
執行編輯	吳佩芬
校對	吳佩芬
封面設計	而立視覺
美術編輯	李偉涵
出版單位	艾巴克影像體有限公司
負責人	李立劭
	地址：112 台北市北投區泉源路 39-43 號 4 樓之一
	電話：02-28913376
印刷	中茂分色製版印刷事業股份有限公司
發行／總經銷	群學出版有限公司
	電話：02-22185418
	傳真：02-22185421
	臉書：www.facebook.com/sociopublishing
出版日期	二〇二四年一月
定價	新台幣 550 元整
ISBN	978-626-98230-0-0

財團法人
國家文化藝術基金會
National Culture and Arts Foundation
NCAF
贊助出版

國家圖書館出版品預行編目

獨舞者的樂章：林絲緞的藝術異端人生 / 林絲緞（卓系緞）口述；
段健發，劉敏採訪整理. -- 臺北市：艾巴克影像體有限公司，2024.01
面；　公分
ISBN 978-626-98230-0-0(平裝)

1.CST: 林絲緞 2.CST: 藝術家 3.CST: 傳記

909.933　　112022259